FREUNDE FINDEN IM 21. JAHRHUNDERT

ALEXANDER WAHLER

Copyright © 2018
ALEXANDER WAHLER

Alle Rechte vorbehalten.

ISBN: 1983673072
ISBN-13: 978-1983673078

INHALTSVERZEICHNIS

CRASHKURS	7
INTRO	8

1. Kapitel
DIE GRUNDLAGEN SOZIALER DYNAMIK	11
1.1 WIE DU DIESES BUCH LESEN SOLLTEST	11
1.2 UNSER SELBSTBILD – WIE FREUNDE DICH BEEINFLUSSEN	13
1.3 WARUM BRAUCHEN WIR ANDERE MENSCHEN?	17
1.4 SOZIALE INTELLIGENZ – WICHTIGER ALS JE ZUVOR!	20

2. Kapitel
VON UNSICHERHEIT ZU SELBSTVERTRAUEN	23
2.1 SELBSTANALYSE	23
2.2 DEINE VORSTELLUNG VON FREUNDSCHAFT	27
2.3 DAS RICHTIGE MINDSET	29
2.4 ICH BIN ZU ALT! – UND ANDERE AUSREDEN	33
2.5 ANGST VOR ABLEHNUNG	38
2.6 DER ANGSTKILLER NUMMER EINS	44
2.7 DAS EINMALEINS DER PEOPLE-PLEASER	49
2.8 DER MYTHOS „SCHÜCHTERNHEIT"	52
2.9 DAS GEHEIMNIS UNSCHLAGBAREN SELBSTVERTRAUENS	56
2.10 SO BLEIBST DU IN JEDER SITUATION ENTSPANNT	62
2.11 DIE PERFEKTE STRATEGIE	67

3. Kapitel
CHARISMA UND SYMPATHIE 70

3.1 DIE WICHTIGSTE FÄHIGKEIT 70
3.2 DIE ZWEITWICHTIGSTE FÄHIGKEIT 75
3.3 AUSDRUCK STATT EINDRUCK 79
3.4 DAS GESETZ DER EMOTIONSÜBER-
TRAGUNG 82
3.5 WAS DU UNBEDINGT VERMEIDEN MUSST 85
3.6 DAS SOZIALE UND DAS RATIONALE
GEHIRN 88
3.7 WIE WERDE ICH WITZIGER? 93
3.8 DER PERFEKTE GESPRÄCHSEINSTIEG 96
3.9 WORÜBER SOLL ICH DANN SPRECHEN? 102
3.10 DIE OPTIMALE GESPRÄCHSFÜHRUNG 104
3.11 DER PERFEKTE GESPRÄCHSAUSSTIEG 107
3.12 DIE GEFÄHRLICHEN DREI 109
3.13 DU WEISST NIE, WER DIR GEGENÜBER-
STEHT 111
3.14 WIE DU JEDES FETTNÄPFCHEN
ENTSCHÄRFST 114
3.15 DER PERFEKTE UMGANG MIT STREIT
UND KONFLIKT 116
3.16 LÜGEN UND MANIPULATION 121
3.17 LÄSTERN 123
3.18 RADIKALE EHRLICHKEIT 126
3.19 DIE KUNST, TAKTVOLL ZU SEIN 128

4. Kapitel
NETZWERK AUFBAUEN UND PFLEGEN 130

4.1 DIE OPTIMALE ANZAHL AN FREUNDEN 130
4.2 DU BIST NICHT ALLEIN! 133
4.3 LANGFRISTIG IST BESSER ALS
KURZFRISTIG 135
4.4 DIE RICHTIGEN ORTE 138
4.5 FREUNDE IM INTERNET FINDEN 140

4.6 MACHEN UNS SOCIAL MEDIA WENIGER SOZIAL? 145
4.7 QUALITÄT STATT QUANTITÄT 149
4.8 DAS GESETZ DER GROSSEN ZAHLEN 151
4.9 FOLLOW-UP – ODER FAIL? 154
4.10 DAS ZWEITE, DRITTE, VIERTE, FÜNFTE TREFFEN 156
4.11 EIGENE EVENTS VERANSTALTEN 158
4.12 „TRAINIERE" DEINE FREUNDE 161
4.13 WERDE EIN LOCAL 163
4.14 WIE LERNE ICH SPONTAN NEUE LEUTE KENNEN? 166
4.15 WIE LERNE ICH ERFOLGREICHE LEUTE KENNEN? 170
4.16 FREUNDE FINDEN ALS INTROVERTIERTER MENSCH 176
4.17 MIT WEM WILLST DU IN KONTAKT BLEIBEN? 181
4.18 WIE OFT MUSS ICH MICH MELDEN? 183
4.19 EIGENE EVENTS VERANSTALTEN 2.0 186
4.20 FREUNDSCHAFTEN ÜBER GROSSE ENTFERNUNGEN PFLEGEN 188

5. Kapitel
DAS GESCHENK DER FREUNDSCHAFT 191

5.1 VORWORT 191
5.2 WANN SIND FREUNDE WICHTIG? 192
5.3 WELCHE FREUNDE PASSEN ZU MIR? 194
5.4 WORAN ERKENNE ICH EINEN GUTEN FREUND? 197
5.5 WAS IST BESSER: BELIEBTE ODER UNBELIEBTE FREUNDE? 201
5.6 TIEFE GEHT ÜBER BREITE 202
5.7 FREUNDE OHNE GLEICHE INTERESSEN 204
5.8 WAS UNTERSCHEIDET GUTE FREUNDE VON BESTEN FREUNDEN? 206

5.9 AKZEPTANZ	209
5.10 LERNE DIE ANDERE PERSON RICHTIG KENNEN	212
5.11 VERLETZLICHKEIT	215
5.12 NIMM DEINE FREUNDE MIT AUF EINE REISE	218
5.13 AUS JEDER BEZIEHUNG EINE ENGE BEZIEHUNG MACHEN?	219
5.14 DIE UNSICHTBARE MATERIE	220
5.15 SEI FÜR DEINE FREUNDE DA	223
5.16 VERZEIHE FEHLER	225
5.17 SPRICH STÖRENDES AN!	227
5.18 WENN FREUNDE SICH VERÄNDERN	229
5.19 PROBLEME MIT FREUNDEN VON FREUNDEN	232
5.20 SIND FREUNDE WIRKLICH FÜR IMMER?	234
5.21 SCHLECHTER EINFLUSS VON FREUNDEN	237
5.22 LÜGEN, KÄMPFE UND EIFERSUCHT IM FREUNDESKREIS	239

SCHLUSSWORT 242

IMPRESSUM 244

| SOCIAL MASTERY |

CRASHKURS
~~47 EURO~~
KOSTENLOS

<u>Exklusiv</u>
für Käufer des Buchs.

JETZT anmelden auf
alexanderwahler.com/ffkurs

INTRO

Beziehungen sind das Wichtigste und Wertvollste, was wir als Menschen haben. Sie sind wichtig im Privatleben, wo wir mit unserem Partner, unserer Partnerin, unserer Familie, unseren Freunden oder Bekannten mehr oder weniger enge Kontakte haben. Mindestens genauso wichtig sind sie im Berufsleben: für unsere Arbeit, unsere Karriere, die Schule, das Studium, die eigene Firma. Mit diesem Buch hast du eine intelligente Investition in das Wichtigste in deinem Leben getätigt – eine Investition in deine Beziehungen und deine Freundschaften.

Lass mich dir erzählen, warum ich dieses Buch geschrieben habe. Gehen wir dazu ein paar Jahre zurück: in mein zwanzigstes Lebensjahr. Damals war ich eine ganz andere Person, als ich es heute bin. Als sehr schüchterner junger Mann hatte ich weder einen großen Bekannten- noch einen großen Freundeskreis. Mit fast einundzwanzig Jahren war ich immer noch Jungfrau, weil ich zu unsicher war, auf Frauen zuzugehen. Ich wusste nicht, wie ich neue Leute kennenlernen kann und wusste auch nicht wirklich, wie ich Beziehungen aufbauen und Freundschaften pflegen sollte. Besonders schwergefallen ist mir der Aufbau von engen Beziehungen, gleichzeitig habe ich mich nach diesen besonders gesehnt. Ich wollte nicht einfach irgendwelche Leute kennen, sondern Menschen, mit denen mich eine echte und tiefe Beziehung verbindet. Diese Sehnsucht tragen wohl die meisten von uns in sich. Deswegen habe ich mich kurz vor meinem einundzwanzigsten Geburtstag auf eine Reise begeben. **Ich hatte mir vorgenommen, mein Leben ein für alle Mal zu ändern.** Nachdem ich mich intensiv mit der Frage, wie ich intensive Beziehungen aufbauen und dadurch ein besseres Leben führen kann, auseinandergesetzt hatte, kam der Faktor, welcher den größten Einfluss auf meinen Erfolg hatte, immer klarer zum Vorschein.

Dieser Faktor waren die Menschen, mit denen ich meine Zeit verbracht habe. Das waren unter anderem Andreas, einer meiner frühesten Mentoren. Thorsten, der mich in meinem Business extrem vorangebracht hat. Craig, der mit Mitte 40 einer der weisesten Menschen ist, die ich jemals treffen durfte. Dazu Leon, Rico, Michael, Paul und Stefanie, um nur ein paar weitere wichtige Namen zu nennen. Jeder von ihnen hatte Einfluss auf mein Selbstvertrauen und auf die Freundschaften, die ich schließen konnte. Sie beeinflussten und beeinflussen meinen finanziellen Erfolg sowie meine Gesundheit. Ihr Einfluss erstreckte sich auch auf meine Spiritualität und meinen persönlichen Erfolg, also wie erfüllt ich im Leben war und bin. Nichts hat mich in meinem Leben weitergebracht als die Menschen, mit denen ich mich umgebe.

Mit der Zeit wurde dieses Studium von sozialen Dynamiken, wie Beziehungen entstehen, besonders wie enge Beziehungen entstehen, mehr als nur ein Hobby. Es wurde eine Leidenschaft. Eine Leidenschaft, aus der binnen einiger Jahre sogar meine Karriere wurde. In dieser Zeit habe ich Hunderte Bücher verschlungen, Seminare und Coachings besucht, Online-Kurse und jede weitere Ressource, die ich finden konnte, durchgearbeitet. Dabei fielen mir einige Sachen auf, die ich mit diesem Buch unbedingt anders machen wollte. Allem voran waren mir viele Bücher zu oberflächlich und mit zu vielen Anekdoten versehen, ohne dem Leser gleichzeitig auch wirklich konkrete, umsetzbare Schritte an die Hand zu geben. Es ist schön zu sagen „Sei einfach du selbst" – nur, was genau heißt das? Es ist schön zu sagen „Mach dich verletzlich" – aber wie genau geht das? Es ist einfach zu sagen „Hey, sei interessiert an der anderen Person" – doch was, wenn man das nie geübt hat? Wie genau fangen wir damit an?

Das war einer der Punkte, welcher mir bei vielen Büchern aufgefallen ist. Sie gingen mehr in die Breite, statt ein Thema wirklich zu vertiefen. Zudem sind viele Materialien veraltet, denn in der heutigen Welt, im 21. Jahrhundert, wird unser zwischenmenschliches Dasein durch zwei Dinge so stark beeinflusst wie noch nie zuvor: durch die Globalisierung und durch Social Media. Die Welt wächst immer weiter zusammen und jeder ist fast ständig erreichbar, egal wo er auf der Welt gerade ist. Du könntest in Deutschland sein, während ein guter Freund gerade in Neuseeland ist. Dank Social Media und Globalisierung ist es für euch trotzdem kein Problem mehr, eine enge Freundschaft zu pflegen. Diese neuen Entwicklungen und Möglichkeiten werden in vielen Büchern leider nicht angesprochen. Zudem ist es mir aufgefallen, dass viele Bücher und Ratgeber sehr viel Füllmaterial enthalten. Was auf 500 Seiten gesagt wird, könnte in 20 Seiten zusammengefasst werden. Auch ist der Aufbau von Freundschaften, von engen Beziehungen oder von oberflächlichen Bekanntschaften nicht so kompliziert, wie viele es gerne darstellen. Es ist an sich ein recht simpler und geradliniger Prozess, wenn wir ihn einmal verstanden haben. Zu guter Letzt wird ein enormer Fokus darauf gelegt, generell Leute kennenzulernen oder erfolgreich zu netzwerken. Doch weder ein großes Netzwerk noch die Tatsache, dass du irgendwelche Leute kennenlernst, wird dich in deiner Karriere weiterbringen, dich erfüllter machen, dein Selbstvertrauen steigern oder dich auf irgendeine Art und Weise glücklicher machen. Die wahre Kunst ist es, **enge** Beziehungen aufzubauen, nicht mit irgendwelchen Leuten, sondern mit den **richtigen** Leuten. Nicht beliebt sein, sondern geliebt werden.

All diese Punkte greife ich in diesem Buch für dich auf. Ich möchte dir zeigen, wie du im 21. Jahrhundert, in einer globalisierten und vom Internet dominierten Welt, schnell die richtigen Freunde findest. Ich werde die Theorie minimieren, Wiederholungen vermeiden und stets schnell auf den Punkt kommen. Dazu gibt es Aufgaben mit klaren Schritten, denen du Tag für Tag folgen kannst, um nicht nur irgendwelche Leute kennenzulernen, sondern enge Freundschaften mit den richtigen Leuten aufzubauen.

Bevor es losgeht: Das Buch soll möglichst viele Menschen erreichen und ihnen helfen die richtigen Freunde zu finden. Bitte unterstütz mich bei meiner Mission und hinterlasse eine Rezension bei Amazon: **www.alexanderwahler.com/ff21**

Jetzt sag ich nur noch: Let's go!

1. Kapitel

DIE GRUNDLAGEN SOZIALER DYNAMIK

1.1 WIE DU DIESES BUCH LESEN SOLLTEST

Es wird nicht reichen, dieses Buch einfach zu lesen, sondern du musst die Dinge, die du hier liest, in deinem Leben anwenden. **Geh raus und interagiere mit Menschen**. Lerne neue Leute kennen, bau Freundschaften auf, probiere das aus, was du hier liest, und dann komm zurück zu diesem Buch, um die Erfahrungen, die du gemacht hast, bewusster reflektieren zu können und noch schnellere Fortschritte zu machen. Dadurch lernst du, was du richtig gemacht hast, was du falsch gemacht hast, warum bestimmte Dinge funktionieren bzw. nicht funktionieren und was du künftig besser machen kannst.

Bevor du von Kapitel zu Kapitel springst, lies das Buch bitte einmal komplett durch. Ein bis zwei Kapitel am Tag reichen vollkommen aus. Dafür brauchst du wirklich nicht viel Zeit. Lies es dort, wo du sowieso ein paar Minuten Zeit hast. Du kannst es zum Beispiel im Bus oder Zug auf dem Weg zur Arbeit lesen. Leg das Buch einfach auf die Toilette und lese bei jedem Toilettengang ein Kapitel. Lies das Buch, während du auf jemanden wartest. Statt bei Langeweile sofort mit deinem Smartphone herumzuspielen oder auf Facebook herumzuscrollen, lies ein bis zwei Kapitel und lass dich von diesem Buch inspirieren, deinen Zielen einen Schritt näher zu kommen.

Sieh dieses Buch als einen guten Freund, mit dem du ebenfalls eine engere Beziehung entwickelst. Ein Freund, zu dem du immer wieder zurückkommst, den du um Rat fragst, mit dem du deine eigenen Erfahrungen teilst, um sie abzugleichen, und der dich auf den Weg zu deinen Zielen begleitet. **Ein Freund, der dir dabei hilft, dein volles Potenzial zu entfalten.**

Ich habe das Buch bewusst in viele kurze, knackige Kapitel unterteilt, denn eine Sache ist für jeden von uns knapp: Zeit. Genau deshalb, fangen wir auch direkt an!

ZUSAMMENFASSUNG:

- Lies das Buch einmal komplett durch.
- Löse die Aufgaben, die unter den Kapiteln gestellt werden
- Setze das Gelesene und Gelernte um.
- Komme zu einzelnen Kapiteln zurück, um deine Erfahrungen mit dem Geschriebenen abzugleichen.

AUFGABE:

- Wo und wann kannst du es locker schaffen, ein bis zwei Kapitel zu lesen, ohne dafür extra Zeit investieren zu müssen? Tipps: Bahn, Bus, Flugzeug, beim Warten, beim Essen, bei Langeweile, auf der Toilette, etc.

1.2 UNSER SELBSTBILD – WIE FREUNDE DICH BEEINFLUSSEN

„Du bist der Durchschnitt der fünf Menschen, mit denen du die meiste Zeit verbringst."
- Jim Rohn, Motivationstrainer-Legende

Wahrscheinlich hast du das Zitat schon einmal irgendwo gelesen, sei es auf einem kleinen Motivationsbild, auf Facebook, auf Instagram oder anderswo im Internet. Doch das Ausmaß dieses Einflusses ist vielen von uns gar nicht so bewusst. Mir ist es schon häufig passiert, dass Leute mir gesagt haben „Nein, Quatsch, ich lass mich nicht sehr von anderen Leuten beeinflussen. Ich bin nicht so beeinflussbar". Vielleicht denkst du das auch. Vielleicht denkst du dir sogar: „Nein, ich bin mein eigener Herr, meine Persönlichkeit wird nicht von den Menschen, mit denen ich mich umgebe, beeinflusst."

Lass mich dir in diesem Kontext eine Frage stellen: Hast du schon einmal einen neuen Freund oder einen neuen Bekannten kennengelernt, der eine bestimmte Eigenart hatte, eine bestimmte Art und Weise, sich auszudrücken, der ein bestimmtes Sprichwort immer wieder sagte oder eine bestimmte Art von Gestik nutzte? Hast du dann plötzlich nach einer Woche, vielleicht nach zwei oder drei Wochen bemerkt, **dass du die gleichen Eigenschaften an den Tag legst**? Dass du die gleichen Worte benutzt, dass sich deine Art zu lachen, deine Körperhaltung, deine Gestik oder deine Mimik angepasst hat? All das ist ohne deine bewusste rationale Steuerung geschehen, es passierte unbewusst. Genau deswegen ist es so wichtig zu entscheiden, mit wem wir unsere Zeit verbringen – und mit wem nicht.

Wenn du Optimisten als Freunde hast, wirst du auch positiv in die Zukunft blicken. Hast du hingegen nur Pessimisten und Meckerköpfe als Freunde, wird sich das auch in deiner persönlichen Einstellung zum Leben und in deiner Laune widerspiegeln. Hierbei spielt der vom Psychologen Charles Cooley beschriebene **Spiegelbild-Effekt** eine sehr große Rolle. Er besagt: **Wir sind nicht, wer wir denken, wer wir sind, sondern wer die anderen denken, wer wir sind.** Unsere Identität wird also dadurch, wie andere uns sehen, enorm beeinflusst. Ein kleines Beispiel:

Du bist eine bestimmte Person, wenn du Zeit mit deiner Mutter verbringst. Du verhältst dich aber wahrscheinlich anders, wenn du mit deinem besten Freund zusammen bist, mit deinem festen Partner, mit einem Arbeitskollegen, mit deinem Vorgesetzten oder einem Mitbewohner. In jeder Konstellation verhältst du dich nach bestimmten Mustern, welche die anderen von dir erwarten, lässt dich in unterschiedliche Rollen pressen. Das sorgt dafür, dass deine Persönlichkeit enorm von deinem Umfeld beeinflusst wird. Dies kann einen negativen Effekt haben, zum Beispiel, wenn du keine Eigenverantwortung dafür übernimmst, mit welchen Menschen du Zeit verbringst und welche Freunde du hast. Noch ein Beispiel:

Stellen wir uns eine Gruppe von fünf übergewichtigen Menschen vor. Alle haben ein gemeinsames Ziel: abnehmen. Solange aber nicht wenigstens eine Person diesem Freundeskreis angehört, die auf ihre Ernährung achtet, regelmäßig Sport treibt und auf ihre Gesundheit Rücksicht nimmt, wird es sehr schwer zu erreichen sein, dass alle fünf tatsächlich abnehmen. In einer Gruppe herrschen gewisse soziale Normen, gewisse soziale Regeln, gewisse Verhaltensweisen, welche als normal angesehen werden. Es reicht, wenn nur eine Person zur alten Verhaltensweise zurückkehrt – mit großer Wahrscheinlichkeit werden dann auch alle anderen in die alten Verhaltensweisen zurückfallen.

Im Umkehrschluss heißt das jedoch auch, **dass wir enorme Kontrolle darüber haben, wer wir sind, wie wir uns verhalten und wie erfüllt wir in unserem Leben sind.** Wir brauchen dazu nur Verantwortung dafür zu übernehmen, mit welchen Menschen wir Zeit verbringen. Wenn wir unser Umfeld ändern, unsere

Freunde ändern, dann ändern wir auch aktiv unser Selbstbild. Wir ändern unsere Verhaltensweisen und die Rolle, die wir von Tag zu Tag spielen. Damit ändern wir proaktiv unsere Persönlichkeit.

Viele Menschen übernehmen aber lieber keine Verantwortung. Sie „fallen" ganz einfach in einen Bekannten-, Freundes- und Kollegenkreis. Sie entscheiden nicht aktiv, mit wem sie ihre Zeit verbringen oder welche Freundschaften sie pflegen. Vielleicht weil sie mit diesen Leuten zur Schule oder Uni gehen, weil sie mit diesen Leuten arbeiten oder weil sie dem gleichen Verein angehören. Möglicherweise aber auch, weil sie die Leute ganz einfach schon seit Jahren kennen und es anstrengend finden, neue Leute kennenzulernen. Dabei ist das zum Glück gar nicht anstrengend – aber dazu später mehr!

Vielen Menschen ist es bewusst, dass sie die volle Verantwortung über ihre **Gesundheit, Bildung, Karriere, Finanzen** und für die **eigene persönliche Erfüllung** haben. Doch den wenigsten ist es bewusst, dass der wichtigste Bereich, für den sie persönliche Verantwortung übernehmen müssen, ihr Freundeskreis ist. Mit den Freunden, mit denen sie sich umgeben, **steht und fällt ihr persönlicher Erfolg in allen anderen Bereichen.**

ZUSAMMENFASSUNG:

- Du bist der Durchschnitt der fünf Menschen, mit denen du am meisten Zeit verbringst. Dein persönliches Umfeld beeinflusst alles, was du tust: Deine Sicht auf die Welt, deine Emotionen von Tag zu Tag, deine Ziele, deine Essgewohnheiten, dein Selbstbild, dein Selbstvertrauen und deine persönliche Erfüllung.
- Spiegelbild-Effekt – Wir sind nicht, wer wir denken, wer wir sind, sondern wer die anderen denken, wer wir sind.
- Viele Menschen „fallen" einfach in einen Bekanntenkreis – sie übernehmen keine proaktive Verantwortung für ihr soziales Umfeld.

- Dein erster Schritt ist: hundert Prozent Eigenverantwortung für deinen Freundeskreis übernehmen.

AUFGABEN:

- Zu welchem Grad hast du bisher Verantwortung für deinen Freundeskreis übernommen? Schätze dich selbst ein: von Null (gar keine Verantwortung, Beziehungen vor allem nach dem Zufallsprinzip) bis Zehn (volle Verantwortung, alle Freunde und Bekannten bewusst ausgesucht).
- Was kannst du heute tun, um sofort mehr Verantwortung für dich selbst zu übernehmen? Schreibe deine Ideen und Wünsche dazu auf und lies dann erst weiter.

1.3 WARUM BRAUCHEN WIR ANDERE MENSCHEN?

Hattest du schon einmal ein Problem oder standst vor einer Herausforderung, die dich komplett überwältigt hat? Du hast dir den Kopf zerbrochen, wusstest nicht genau, wie du damit fertig werden sollst und warst schon kurz davor aufzugeben? Doch dann hast du dich mit ein paar Freunden getroffen und mit ihnen darüber geredet. Ihr habt ein wenig Spaß zusammen gehabt und nach ein paar Stunden hast du dich wie neu geboren gefühlt. Auf dem Heimweg hast du dich dann nur noch gefragt, warum du dir darüber jemals den Kopf zerbrochen hast.

Wir Menschen sind soziale Wesen. Wenn wir unser Leben alleine leben, ohne enge Beziehungen, ohne enge und vertraute Kontakte und Freundschaften, sterben wir. Wenn nicht körperlich, dann zumindest seelisch. Besonders dann, wenn wir einmal von unserem Weg abkommen oder überwältigt sind, erinnern uns gute Freunde daran, wer wir eigentlich sind. Sie holen uns wieder auf den Boden zurück, wenn wir überdrehen. Sie bauen uns wieder auf, falls es uns einmal schlecht geht. Mit guten Freunden kann jedes Leid halbiert und jede Freude verdoppelt werden. Erinnere dich an die besten Zeiten in deinem Leben. Du hattest sie mit großer Wahrscheinlichkeit nicht alleine. Vielleicht waren es Erlebnisse mit guten Freunden, mit einem festen Partner, in der Familie oder in anderen engen Beziehungen. Die wenigsten Leute haben die größten und glücklichsten Erlebnisse alleine zu Hause.

Die richtigen Freunde machen uns übrigens nicht nur glücklicher, sondern auch erfolgreicher! **Unsere Persönlichkeit ist nicht die uneinnehmbare Festung, für die wir sie halten, sondern eher eine Super-Autobahn für den sozialen Einfluss durch andere**. Wie ihr im vorigen Kapitel schon gesehen habt, werden wir enorm von den Menschen beeinflusst, mit denen wir unsere Zeit verbringen. Der soziale Einfluss durch andere wirkt sich darauf aus, wie glücklich wir sind, wie erfüllt wir sind, wie erfolgreich wir sind und wie unser Leben sich entwickelt. Nur mit den richtigen Freunden um uns herum können wir unser volles Potenzial erreichen. Alleine fallen wir viel leichter in den alten Trott zurück und folgen unseren alten Lebensmustern. Sport fällt uns plötzlich schwer, wenn wir ihn alleine machen. Zu arbeiten, zu lernen oder ganz einfach eines unserer Ziele von Tag zu Tag zu verfolgen ist alleine immer schwieriger als mit den richtigen Freunden.

Die richtigen Freunde bringen uns dazu, das zu tun, was wir uns immer erträumt haben. Ohne meine Freunde und ohne meine Mentoren wäre ich nicht dort, wo ich heute stehe. Genau das Gleiche hat Arnold Schwarzenegger in einer sehr bekannten Rede gesagt. Er sagte: „I am not a self-made man." Selbst Arnold Schwarzenegger hat erkannt, dass er es nicht alleine geschafft hat. Wir alle brauchen die richtigen Menschen um uns herum! Denn wenn wir uns einmal bewusst umschauen, dann merken wir schnell, dass alles auf dieser Welt **von Menschen, für Menschen, mit Menschen und wegen Menschen** passiert.

Häufig wird der Typ des „einsamen Wolfs" glorifiziert, besonders in Filmen oder Romanen. Es wird als „cool" dargestellt, sich alleine durchs Leben zu schlagen, doch in Wirklichkeit wird es dich weder in einem Lebensbereich voranbringen noch wird es dich glücklich machen. Im Gegenteil, es hält dich in allen Bereichen auf. Zudem ist es fatal, erst dann zu merken, dass man keine Freunde hat, wenn man sie dringend bräuchte, zum Beispiel in Situationen, in denen man sozialen Halt braucht, vielen Herausforderungen gegenübersteht oder mit Problemen zu kämpfen hat. Aber auch während eines jahrelangen Wegs zu einem großen Ziel. **Der Weg zu jedem größeren Ziel wird immer seine Zeit brauchen.** Alleine kann es sehr leicht passieren, dass man die Motivation verliert oder im Angesicht einer überwältigenden Herausforderung vorzeitig aufgibt. Doch mit einem gutem Freund an der Seite fühlen sich jede schwere Zeit und jeder lange Weg um einiges kürzer an.

ZUSAMMENFASSUNG:

- Ohne enge Beziehungen sterben wir innerlich.
- Vergessen wir das Idealbild des einsamen Wolfes.
- Alles auf dieser Welt passiert für Menschen, von Menschen, mit Menschen und wegen Menschen.
- „I am not a self-made man" (Arnold Schwarzenegger)
- Nur mit den richtigen Freunden können wir unser volles Potenzial entfalten.
- Freunde helfen uns, die größten Krisen zu überstehen, Kräfte zu sammeln und langfristige Ziele auch gegen Widerstände zu erreichen.

AUFGABE:

- Für jedes Ziel, das wir verfolgen, brauchen wir einen starken emotionalen Antrieb, also ein „Warum". Was ist dein persönliches Warum? Warum sind dir Freundschaften wichtig? Was treibt dich an, enge Freundschaften aufzubauen?

1.4 SOZIALE INTELLIGENZ – WICHTIGER ALS JE ZUVOR!

Durch unseren immer schneller werdenden technischen Fortschritt werden in Zukunft mehr und mehr Aufgabenfelder von Maschinen oder künstlicher Intelligenz übernommen. Es gibt Stimmen, die dies sehr kritisch sehen und sich davor fürchten. Ich sehe es deutlich weniger kritisch denn es gibt ganze Felder, ganze Lebensbereiche, die wohl niemals von Maschinen oder künstlicher Intelligenz übernommen werden können: **Beziehungen, Nähe, Vertrauen und Emotionen.** Kurz gesagt: **Menschlichkeit.** Durch unseren technischen Fortschritt werden wir nicht unmenschlicher, im Gegenteil, durch unseren technischen Fortschritt haben wir erst die Möglichkeit, unsere menschlichen Qualitäten noch vollkommener auszubauen. Menschliche Fähigkeiten wie **Kreativität, Empathie** und **Emotionen** werden wichtiger als je zuvor. Genau daher werden in der nahen und fernen Zukunft auch genau die Leute profitieren, die sich auf diese Fähigkeiten fokussieren.

Dass unsere menschlichen Qualitäten mehr in den Vordergrund rücken, merken wir auch daran, dass im 21. Jahrhundert mehr Menschen als je zuvor vernetzt sind, und das auf eine unglaublich einfache Art und Weise. Wir haben Smartphones, das Internet und dutzende Apps, die uns erlauben, in Sekundenschnelle mit einer Person auf der anderen Seite des Planeten zu kommunizieren. Teilweise stoßen wir sogar schon ins Gebiet der virtuellen Realität vor. Dies macht sich auch bei der Globalisierung bemerkbar. Menschen aus allen Kulturen und aller Welt arbeiten enger und enger zusammen. Wer sich dabei nicht auf seine soziale Intelligenz und auf den Aufbau derselben fokussiert, der wird zurückgelassen. Damit schadet er nicht nur sich, er tut damit auch der Menschheit keinen Gefallen. Nur wenn wir uns gegenseitig verstehen und unsere zwischenmenschlichen Fähigkeiten enorm ausbauen, dann können wir erreichen, dass nicht nur der einzelne Mensch, sondern die Menschheit als Ganzes vorankommt.

Obwohl wir mehr und mehr Menschen sind und auch verbundener sind als je zuvor, gibt es doch eine Schattenseite, die ich hier ebenfalls ansprechen möchte. In der westlichen, entwickelten Welt sind unsere Grundbedürfnisse gestillt. In der Regel brauchen wir uns keine Sorgen um Nahrung, Sicherheit Unterkunft oder sogar unsere Unterhaltung zu machen. Doch obwohl wir mit so vielen Leuten auf so engem Raum zusammenleben, kommt das Bedürfnis von Nähe häufig zu kurz. Immer häufiger werden wir mit Einsamkeit konfrontiert. Zum ersten Mal habe ich das bemerkt, als meine ersten Videos auf YouTube zu diesem Thema eine enorme Resonanz erhielten. Bis dahin dachte ich, ich wäre der Einzige, dem es so geht (was wohl eine Folge der Einsamkeit war), doch musste ich schnell feststellen, dass viele Menschen ähnlich empfinden. Gerne wird dabei darauf verwiesen, dass Social Media uns nicht sozialer machen, sondern das genaue Gegenteil hervorrufen: dass sie uns einsamer und oberflächlicher machen. Doch das stimmt nicht. **Social Media, genauso wie jede andere Technologie, sind neutral**. Es kommt darauf, wie man diese Technologie verwendet. Social Media und technologischer Fortschritt haben uns nicht verändert, sie haben lediglich aufgedeckt, wer wir wirklich sind. Dabei kam ein enormes Defizit an engen, vertrauten Freundschaften ans Tageslicht.

Genau deswegen ist soziale Intelligenz heutzutage wichtiger als je zuvor. Nicht nur, um ein erfülltes und glückliches Leben zu führen, nicht nur, um die eigene Einsamkeit zu bekämpfen oder um in der eigenen Karriere voranzukommen (denn wir wissen ja alle, wie wichtig Vitamin B für die Karriere ist), sondern um neben dem Einzelnen auch die Menschheit als Ganzes voranzubringen.

ZUSAMMENFASSUNG:

- Menschliche Qualitäten rücken durch technologischen Fortschritt mehr in den Mittelpunkt.

- Wir brauchen uns in der westlichen Welt um viele Bedürfnisse keine Sorgen mehr zu machen und haben dadurch die Möglichkeit zur vollen Selbstentfaltung.
- Durch das Bevölkerungswachstum leben wir mit mehr Menschen auf engem Raum als je zuvor und erleben gleichzeitig doch mehr Einsamkeit als je zuvor.
- Die Welt rückt näher zusammen und unsere soziale Intelligenz entscheidet dabei, ob wir als Menschheit vorankommen oder nicht.

AUFGABE:

- In welchen Bereichen spielt soziale Intelligenz eine wichtige Rolle in deinem Leben? Wie wird sie das in Zukunft tun?

2. Kapitel

VON UNSICHERHEIT ZU SELBSTVERTRAUEN

2.1 SELBSTANALYSE

Starten wir mit einer Sache, die du wahrscheinlich nicht so gerne hören möchtest. **Dein Freundeskreis ist deine Verantwortung**. Wenn du nicht den Freundeskreis hast, den du gerne haben möchtest, dann ist das zu hundert Prozent deine Schuld. Nein, das sage ich jetzt nicht, um dich zu ärgern – ganz im Gegenteil. Dort, wo die Schuld liegt, dort ist auch die Verantwortung, und wer die Verantwortung hat, der hat die Macht, etwas zu ändern. Alles in deinem Leben ist nichts anderes als eine Reflexion deiner Persönlichkeit und genauso sieht es auch mit deinem sozialen Umfeld aus. Ich weiß, es ist eine Wahrheit, die du vielleicht nicht gerne hörst, doch am Ende steht und fällt alles mit deiner Persönlichkeit, egal in welchem Lebensbereich. Du ziehst nicht das an, was du willst, sondern du ziehst das an, was du bist. Bist du schon einmal mit wirklich schlechter Laune durch den Tag gelaufen und plötzlich begegneten dir überall Arschlöcher? An einem anderen Tag warst du unglaublich gut gelaunt und plötzlich hast du überall super zuvorkommende, nette Leute getroffen? Das ist kein Zufall. Der Zustand in dem du dich befindest, was du in die Welt hinausstrahlst, das wird die Welt auch reflektieren – ganz besonders im Zwischenmenschlichen. Jemandem, der ständig schlecht gelaunt ist, wird es sehr schwerfallen, positive, optimistische und gut gelaunte Leute anzuziehen, denn sie werden sich fragen, was sie mit so einem Freund sollen. Es ist nichts weiter als eine natürliche Auslese. **Das, was du nach Außen ausstrahlst, das, was du in die Welt ausstrahlst, das bekommst du auch zurück**.

Gerätst du zum Beispiel ständig an Arschlöcher, baust du nur oberflächliche Beziehungen auf und es mangelt dir an engen, wirklich vertrauten Freundschaften? Hast du nur Langweiler in deinem Umfeld und wunderst dich, warum ihr nie etwas Spannendes macht? Oder lernst du ganz einfach überhaupt keine neuen Leute kennen? Wenn etwas davon auf dich zutrifft, dann solltest du ganz genau in den Spiegel schauen. Wenn du immer nur Arschlöcher anziehst, dann sagt das auch etwas darüber aus, was du in die Welt hinausstrahlst. Wenn du nur oberflächliche Beziehungen eingehst und es dir schwerfällt, enge Freundschaften aufzubauen, dann sagt es etwas darüber aus, wie du auf andere Menschen zugehst oder wie du Freundschaften aufbaust. Es sagt etwas darüber aus, welches Bild du von Freundschaften hast, was du von Freunden erwartest und was du in die Beziehung hineingibst. Wenn du nur Langweiler kennenlernst, frag dich: Welche Persönlichkeit muss ich werden, um interessante und spannendere Leute kennenzulernen?

Reflektiere einmal für dich selbst: Woran liegt es? Verhältst du dich selbst von Zeit zu Zeit zu rücksichtslos oder egoistisch gegenüber anderen? Traust du dich nicht, enge Beziehungen aufzubauen, weil du Angst hast, verletzt zu werden? Hast du keine interessanten Hobbys oder unternimmst selbst nichts Interessantes und ziehst dementsprechend nur diese Leute an? Gehst du überhaupt auf genug neue Leute zu, um auch enge Freundschaften aufbauen zu können? Lernst du genug neue Leute kennen? Erwartest du viel von Freunden, gibst der Freundschaft aber selber nichts? Lernst du vielleicht neue Leute kennen, pflegst danach aber die Beziehung nicht und wunderst dich, warum Leute sich nicht melden? **Alles hängt von dir, deiner Persönlichkeit und deinen Verhaltensweisen ab.** Daher ist die **Selbstanalyse** auch so wichtig. Nur, wer sich selbst wirklich kennt, kann sehr bald auch alle anderen Menschen kennenlernen. Du kannst nur so tiefe Freundschaften aufbauen, wie du selber schon einmal bereit warst, in dich selbst zu gehen. Je tiefer und besser du dich kennst, desto leichter fällt es dir, andere Menschen wirklich intensiv kennenzulernen und wirklich tiefe Beziehungen aufzubauen. Auch brauchst du die Fähigkeit, authentisch zu sein (etwas worauf wir später noch eingehen).

Um enge, echte Beziehungen aufzubauen, musst du deine Persönlichkeit rauslassen. Um deine Persönlichkeit authentisch auszuleben, musst du diese erst einmal kennen. Vor allem musst du die Verhaltensweisen, die Glaubenssätze oder die Emotionen kennen, welche dich davon abhalten, deiner Persönlichkeit authentischen Ausdruck zu verleihen. Bist du selbst nicht authentisch, wirst du keine authentischen Menschen anziehen. Nur wenn du dich selber kennenlernst, kannst du andere Menschen kennenlernen.

Bei dieser Selbstanalyse ist es extrem wichtig, dass du absolut ehrlich zu dir bist, denn wenn du nicht ehrlich zu dir bist, wie willst du dann ehrlich zu anderen Leuten sein? Offensichtlich bist du mit bestimmten Aspekten in deinem Freundeskreis nicht zufrieden, sonst hättest du dieses Buch nicht in die Hand genommen. Das bedeutet auch, dass das, was du in der Vergangenheit getan hast, dich zwar hierhergebracht hat, dich aber noch nicht zu deinen nächsten Zielen bringen wird. Wenn du unzufrieden bist, musst du deinen Weg ändern! Machst du genauso weiter wie bisher, wirst du auch die gleichen Ergebnisse bekommen. **Die Definition von Wahnsinn ist, ständig das Gleiche zu tun, aber andere Ergebnisse zu erwarten.**

Wenn du dich jetzt fragst „Wie genau mache ich das denn?", dann kann ich dich beruhigen, es ist keine wirklich schwierige Aufgabe. Zuerst brauchst du Achtsamkeit. **Achtsamkeit ist der beste Garant für Veränderung.** Sobald du darauf achtest, wie du dich im Alltag verhältst, sobald du drauf achtest, wie du wirklich auf Menschen zugehst oder wie viele Menschen du überhaupt kennenlernst, dann hast du bereits die Hälfte der Arbeit getan. Diese Achtsamkeit, ob du dich authentisch ausdrückst, wie du anderen Menschen gegenübertrittst, wie viele neue Leute du kennenlernst, wie du dich ihnen gegenüber verhältst, all das sorgt dafür, dass du ein komplett neues Bewusstsein für deine zwischenmenschlichen Interaktionen bekommst. Der Rest ist ganz einfach konstantes Dranbleiben.

ZUSAMMENFASSUNG:

- Alles steht und fällt mit deiner Persönlichkeit.
- Dein Freundeskreis ist die Reflexion deiner Person.
- Du ziehst nicht das an, was du willst, sondern was du bist.
- Nur wer sich selbst kennt, kann andere Menschen wirklich kennenlernen.

AUFGABEN:

Jetzt wird es Zeit für eine radikal ehrliche Selbstanalyse. Nimm dir dafür Papier, Stift und dreißig Minuten Zeit. Beantworte folgende Fragen:

- Was tust du täglich aktiv dafür, um deine Ziele im sozialen Bereich zu erreichen?
- Wie verhältst du dich gegenüber anderen Menschen?
- Bist du authentisch oder nicht authentisch?
- Bist du egoistisch, bist du ein People-Pleaser (Jemand der anderen alles recht machen will) oder stehst du zu deiner Meinung?
- Wie spiegelt sich deine Persönlichkeit in den Menschen wider, die du kennenlernst?
- Welche Verhaltensweise hat dich schon mehrmals sabotiert?

2.2 DEINE VORSTELLUNG VON FREUNDSCHAFT

Bevor wir uns weiter mit dem Thema Freundschaft beschäftigen, sollten wir zuerst schauen: **Was bedeutet Freundschaft eigentlich?** Wenn ich von Freundschaft rede, habe ich wahrscheinlich ein anderes Bild im Kopf als du. Jedem von uns sind in der Freundschaft andere Dinge wichtig. Manche suchen vielleicht viele Freunde, andere eher wenige. Manchen ist es wichtig, mit ihren Freunden spannende Abenteuer zu erleben und auf Partys zu gehen, während andere mit Freunden entspannen und zu Hause relaxen wollen. **Das Entscheidende ist, dass du eine Vorstellung von Freundschaft bekommst, die für dich authentisch ist.** Gerade in der heutigen Welt, wo wir so vielen Einflüssen anderer Menschen unterliegen, ist es sehr leicht, ein Bild von Freundschaft zu übernehmen, was dir vielleicht gar keinen Spaß macht.

Ich erkläre die Unterschiede immer gerne an der unterschiedlichen Vorstellung von Erfolg. Für die eine Person bedeutet Erfolg, hundert Millionen Euro auf dem Konto zu haben, berühmt zu sein und ein großes Unternehmen aufgebaut zu haben. Für eine andere Person bedeutet es dagegen, den ganzen Tag Gitarre zu spielen, Zeit mit dem Partner zu verbringen und auf einer einsamen Insel am Strand gemeinsame Nächte zu genießen. Beide benutzen das Wort „Erfolg", doch beide haben eine komplett andere Vorstellung davon, was damit verbunden ist. Genauso ist es mit Freundschaft. Ich habe eine andere Vorstellung von Freundschaft als du. Du hast eine andere Vorstellung von Freundschaft als einer deiner Arbeitskollegen, der wieder eine andere Vorstellung von Freundschaft hat als euer Chef. Dies liegt unter anderem daran, dass jeder von uns etwas anderes braucht. Jemand, der super extrovertiert ist, will seine Freunde vielleicht häufiger sehen und mischt sich gerne in große Menschenmengen, während jemand, der introvertiert und ein stiller Zeitgenosse ist, sich lieber nur ein paarmal die Woche mit ein oder zwei Freunden trifft und den Rest der Zeit bevorzugt alleine verbringt.

Hier zwei Beispiele für die unterschiedlichen Vorstellungen von Freundschaft:

Zuerst fällt mir mein Freund Jan ein, der ein eher introvertierter Zeitgenosse ist. Er genießt es, viel Zeit alleine zu verbringen, schaut sich zu Hause gute Filme an oder holt auch gerne mal die Playstation raus und zockt. Am Wochenende oder unter der Woche trifft er sich abends gerne ein- oder zweimal mit einem Freund und pflegt so seine Freundschaften.

Ein anderer Freund hingegen, Michael, ist das komplette Gegenteil. Er ist extrem extrovertiert, ständig auf großen Veranstaltungen unterwegs, trifft sich selten mit nur einem Freund, sondern ist häufig in einer großen Gruppe unterwegs oder schmeißt eigene Partys. Für ihn ist diese Vorstellung von Freundschaft sehr authentisch, sehr natürlich und sie macht ihn extrem glücklich, während Jan dabei wahrscheinlich die Krise bekommen würde.

ZUSAMMENFASSUNG:

- Genau wie Erfolg für jeden etwas anderes bedeutet, hat jeder von uns eine andere Vorstellung von Freundschaft.
- Dein Ziel muss es sein, DEINE Vorstellung von Freundschaft zu finden und nicht die Vorstellung eines anderen zu leben.

AUFGABE:

Wie sieht für dich eine wirklich enge Freundschaft aus? Welche Eigenschaften hat sie?

- Was darf in einer Freundschaft aus deiner Sicht auf gar keinen Fall fehlen?

2.3 DAS RICHTIGE MINDSET

Du selbst bist **der entscheidende Faktor für die Gestaltung deines Freundeskreises**. Hast du schon den Freundeskreis, den du dir erträumst, oder siehst du noch Verbesserungspotenzial? Der effektivste Weg, etwas an deiner Persönlichkeit zu verändern, ist, ein anderes Mindset, also eine andere Denkweise, zu übernehmen. Sieben der wichtigsten Mindsets möchte ich dir hier mitgeben. Am besten wiederholst du sie Tag für Tag, bis du sie verinnerlicht hast.

Alle Glaubenssätze, die wir über die Welt haben, sind im Endeffekt nichts anderes als die Gedanken, welche in einer Dauerschleife in unserem Kopf ablaufen. Lässt du die folgenden sieben Mindsets in Dauerschleife in deinem Kopf laufen, überschreibst du nach und nach alte Glaubenssätze, die dich nicht weiterbringen.

1. **Sozial zu sein ist unsere Natur.** Ja, du hast richtig gehört. Es ist keine Fertigkeit wie Autofahren, Schreiben, Rechnen, Lesen oder etwas anderes, was du erst lernen musst. Sozial zu sein ist dem Menschen angeboren. Wir sind soziale Wesen, es ist keine Fertigkeit, bei der wir Schwierigkeiten haben, sie zu lernen. Wenn wir die Historie betrachten, sehen wir, dass unsere Vorfahren stets in kleinen Stämmen gelebt haben. Das bedeutet, es liegt in unserer Natur, in Gruppen unterwegs zu sein und enge soziale Bindungen zu haben. Betrachte deshalb das Soziale nicht als eine Kulturtechnik wie Landwirtschaft, Kochen, Sprache oder Tanz oder andere erlernbare Fertigkeiten, sondern sieh den guten Umgang mit anderen Menschen als Teil deiner Natur an.

2. **Mit mir ist nichts falsch oder kaputt.** Das ist ein extrem wichtiges Mindset, denn viele Leute laufen durch den Alltag und beschäftigen sich mit Persönlichkeitsentwicklung oder Selbsthilfe-Büchern, weil sie glauben, mit ihnen stimme etwas nicht. Das ist ein Irrglaube: Mit dir ist alles okay. Der entscheidende Faktor, warum du nicht den Freundeskreis hast, den du haben möchtest, warum du nicht das nö-

tige Selbstvertrauen hast oder es dir schwerfällt, dich auszudrücken, ist fehlende Erfahrung. Genauso solltest du es ab jetzt auch sehen. Dein Ziel ist es nicht, dich irgendwie wieder „ganz" zu machen oder zu heilen, sondern mehr Erfahrung zu sammeln und dich bewusst weiterzuentwickeln.

3. **Was ein Mensch tun kann, das kann auch ein anderer.** Dies ist ein grundlegendes Mindset, das ich auch jedem meiner Coaching-Klienten mitgebe. Gerade bei Zielen und Herausforderungen, die am Anfang unmöglich erscheinen oder bei denen wir absolut keine Ahnung haben, wie wir es zum Ziel schaffen oder die Herausforderung meistern sollen, ist es wichtig, das im Hinterkopf zu haben. Ich bin mir sicher, du hast schon andere Menschen gesehen, die es geschafft haben, sich einen tollen Freundeskreis aufzubauen, enge und erfüllende Beziehungen zu haben, ein von Selbstvertrauen geprägtes Auftreten zu entwickeln oder ihre eigene Schüchternheit zu überwinden. Damit hast du den Beweis: Wenn schon einmal ein Mensch das erreicht hat, dann kann es auch jeder andere Mensch erreichen – und dazu zählst auch du.

4. **Ausdruck statt Eindruck.** Ist dir schon einmal aufgefallen, dass die meisten Bücher zu den Themen „Perfekter erster Eindruck", „Netzwerken" oder „Freundeskreis aufbauen" sich stets auf den Eindruck fokussieren? Vielleicht hast du dir auch schon die Frage gestellt „Wie mache ich den perfekten ersten Eindruck?" oder „Wie komme ich bei der anderen Person gut an?". Das ist der komplett falsche Fokus, denn es geht nicht darum, dass du einen guten Eindruck machst, sondern es geht darum, dass du deine Persönlichkeit so gut wie möglich ausdrückst. Deine Persönlichkeit ist einzigartig und damit auch deine größte Stärke. Nutze sie! Fokussiere dich also nicht auf deinen Eindruck, sondern konzentriere dich darauf, deine Persönlichkeit auszudrücken.

5. **Geduld.** Gut Ding will Weile haben und so ist es auch hier. Vielleicht ist das etwas, das du nicht unbedingt hören möchtest,

weil du am liebsten schon heute deine Ziele erreichen möchtest, doch egal wie groß oder klein deine Ziele sind, alle brauchen ein wenig Zeit. Sei es, dass du enge Beziehungen aufbauen oder einen tollen Freundeskreis haben, dass du ganz einfach selbstsicherer im Umgang mit anderen Menschen werden und deine Schüchternheit abbauen oder dass du dir ein großes Netzwerk von guten Bekannten und interessanten Kontakten aufbauen möchtest. All das braucht Zeit. Besonders enge Beziehungen. Manchmal ist es super leicht, mit jemandem auf einer Wellenlänge zu sein und sofort eine Freundschaft entstehen zu lassen. Doch seien wir ehrlich, bei den meisten Menschen, die du kennenlernst, ist das nicht der Fall. Selbst bei den Menschen, mit denen du sofort eine vertraute Bindung hast, bis ihr euch wirklich kennenlernt, braucht es eine Weile. Also sei geduldig.

6. **Es geht nicht darum viele, sondern die richtigen Freunde zu finden.** Viele Menschen denken, sie müssen unbedingt ein großes Netzwerk aufbauen und ganz viele tolle Freunde haben. Wenn das dein Ziel ist, go for it. Davon will ich dich auf keinen Fall abhalten. Dein Fokus sollte jedoch sein, nicht viele Leute zu finden, sondern die **richtigen**. Ein oder zwei wichtige Freunde, ein oder zwei wichtige Kontakte für die Karriere, ein oder zwei wichtige Mentoren, ein oder zwei enge Bekannte sind tausendmal mehr wert als hundert oberflächliche Beziehungen oder tausend Leute, mit denen du ab und zu Kontakt hast. Sei geliebt, nicht beliebt. Fokussiere dich darauf, nicht viele Leute kennenzulernen, sondern die richtigen. Nur dann macht dich der Freundeskreis nicht nur glücklicher, nicht nur erfüllter, sondern auch erfolgreicher.

7. **Ich bin für mein Leben verantwortlich.** Das Mindset aller Mindsets, denn dein Leben sieht aktuell so aus, wie es aussieht, wegen dir. Du triffst jeden Tag Tausende kleine Entscheidungen: wie du deine Zeit verbringst, mit welchen Leuten du dich triffst, was du isst, ob du dich gut um deine Gesundheit kümmerst, dich weiterbildest, an deiner Karriere arbeitest, ehrlich oder authentisch bist, etwas für deine Beziehung tust – oder

eben nicht. Alle Ergebnisse in deinem Leben, jeglicher Fortschritt oder Rückschritt liegt an dir. Es ist deine Verantwortung. Schieb es niemals auf jemand anderen, denn dort, wo die Verantwortung ist, dort liegt auch die Macht, etwas zu ändern. Nur wenn du zu hundert Prozent Eigenverantwortung übernimmst, hast du die Macht, etwas zu ändern. Eigenverantwortung bezieht sich auch auf einzelne Freundschaften, denn Freundschaft ist nicht nur ein köstliches Geschenk, sondern auch eine dauernde Aufgabe. Es ist eine dauernde Aufgabe, ehrlich zu sein. Es ist eine dauernde Aufgabe, authentisch zu sein. Es ist ebenso eine dauernde Aufgabe, die Beziehung zu pflegen, wie sie zum Wachsen zu bringen. Eine Beziehung ist nichts, was du einmalig aufbaust, bis ihr Fre unde seid, nur um dich dann zurückzulehnen. Freundschaft ist eine dauerhafte Verantwortung.

ZUSAMMENFASSUNG:

- Jeder Mensch ist von Natur aus ein soziales Wesen.
- An dir ist nichts verkehrt.
- Du kannst alles erreichen, was andere vor dir schon einmal erreicht haben.
- Versuche nicht, Eindruck zu schinden, sondern drücke deine Persönlichkeit aus.
- Du brauchst Geduld, um deine Ziele zu erreichen.
- Du brauchst nicht viele Freunde, sondern die richtigen.
- Du bist für dich und deine Handlungen selbst verantwortlich.

AUFGABE:

- Wiederhole und verinnerliche diese Mindsets täglich. Häng sie dir am besten irgendwo auf, mach sie dir als Hintergrundbild auf dein Smartphone oder positioniere sie sonst irgendwo, wo du sie regelmäßig siehst.

2.4 ICH BIN ZU ALT! – UND ANDERE AUSREDEN

Wir alle verwenden sie: Ausreden. Der eine weniger, der andere mehr. Gemeinerweise ist unser Verstand verdammt gut darin, wirklich exzellente Ausreden zu finden. Zum Beispiel solche, die uns schön in unserer gemütlichen Komfortzone halten. Im Endeffekt ist es nichts anderes. Der einzige Grund, warum wir auf Ausreden hören, ist, weil es für uns häufig zu anstrengend, zu angsteinflößend oder zu ungewohnt ist, aus unserer eigenen Komfortzone hinauszugehen. Wir suchen dann nach einer Begründung, warum wir das Ganze nicht machen, ein Ziel nicht erreichen, eine neue Angewohnheit nicht etablieren können oder was uns daran hindert, auf neue Leute zuzugehen, uns zu öffnen oder unsere Persönlichkeit authentisch auszudrücken. Das Heimtückische dabei ist: Unser Verstand hat immer neue Ausreden parat, denn das menschliche Gehirn ist ein echtes Genie der Ausredenfindung. Unser Verstand schafft es dabei auch immer, die Ausreden so „maßzuschneidern", dass sie genau auf unsere Situation passen – egal wie absurd die Ausrede objektiv betrachtet eigentlich ist.

Ausreden sind die kleinen Brüder von Lügen und wir wissen alle, dass vom Lügen langfristig nie etwas Gutes kommt. Wenn wir wirklich ehrlich zu uns sind, dann wissen wir auch, dass hundert Prozent aller Ausreden, die wir uns erzählen, ziemlicher Quatsch sind, nicht wahr? Wenn wir unser Leben wirklich verändern wollen, dann müssen wir unsere Komfortzone verlassen und unsere Ausreden als genau das anerkennen was sie sind: kleine Brüder von Lügen. Eine Verzerrung der Wahrheit. Eine Verzerrung der Wahrheit, die nur dazu dient, uns kleinzuhalten und uns von unserem eigenen Wachstum, unserem eigenen Glück fernzuhalten.

Gerade in der heutigen Zeit ist es aber einfacher als je zuvor, viele Menschen und vor allem auch die richtigen Menschen kennenzulernen. Deine Ziele für deinen Freundeskreis und die Verbesserung deines Selbstvertrauens sind heute leichter zu erreichen als früher. Alles, was aktuell zwischen dir und deinen Zielen steht, sind die Geschichten, die Ausreden, die du dir immer wieder erzählst. Um sie endlich ein für alle Mal zu entschärfen, möchte ich mit dir einige der häufigsten Ausreden der Reihe nach durchgehen.

1. **Ich bin zu alt/zu jung.** Ach ja, die Altersausrede. Alter hat hiermit absolut nichts zu tun. Es spielt keine Rolle, ob du fünfzehn, fünfundzwanzig, fünfundvierzig oder fünfundneunzig bist. In jedem Alter kannst du neue Freunde finden. In jedem Alter kannst du neue Fertigkeiten lernen und in jedem Alter kannst du deine Persönlichkeit verändern. Gerade für die Ausrede „Alter" wird der Verstand immer wieder besonders raffiniert:

   a. „Ich bin gerade erst fünfzehn, ich habe noch nicht genug Erfahrung – das kann noch warten."
   b. „Ich bin schon fünfzig, jetzt ist es eh schon zu spät – lohnt sich nicht mehr."
   c. „Ich bin dreißig, das ist eine Zeit, wo ich mich eher auf meine Karriere fokussieren möchte – das passt gerade nicht."
   d. „Ich bin zwanzig, ich möchte erst mal das machen, was mir wirklich Spaß macht und jetzt nicht neue Leute kennenlernen."

   Erkenne die Altersausrede als das an, was sie ist – eine Lüge. Plus: Werde diese Kategorisierung „Alter" los, denn die Jungen müssen von den Alten lernen und die Alten müssen von den Jungen lernen. Die Unterteilung in jung und alt ist etwas, was nicht nur dich, sondern alle Menschen aufhält. Die Älteren können von der Energie und der Offenheit der Jungen lernen, die Jungen von der Weisheit sowie Erfahrung der Älteren. Erst recht in der heutigen Zeit sollten wir mehr als jemals zuvor voneinander lernen.

2. **Ich habe nicht das nötige Geld.** Für Freundschaft brauchst du nicht einen Cent, nichts, nada. Mehr muss man dazu nicht sagen.

3. **Ich habe keine Zeit.** Die alte Zeit-Ausrede. Seien wir doch ehrlich, es geht nie um die Zeit. Es ist immer nur eine Frage der Prioritäten. Für das, was uns wichtig ist, werden wir immer Zeit finden. Wenn du Zeit für deine Lieblingsserie hast, wenn du Zeit hast, ziellos auf Facebook zu prokrastinieren, wenn du Zeit hast, im Internet zu surfen oder auf irgendeine Art und Weise NICHT an deinen Zielen zu arbeiten, dann hast du auch Zeit, an deinen Zielen im Freundeskreis und Sozialleben zu arbeiten. Es ist nie eine Frage der Zeit, es ist eine Frage der Prioritäten.

4. **Ich bin nun einmal so, wie ich bin, und daran wird sich auch nichts ändern.** Es ist ein Meisterwerk des Verstandes, dich schön in eine Opferrolle zu drängen. „Ich, das arme Opfer, bin nun einmal so und es liegt nicht in meiner Verantwortung oder meiner Macht, etwas zu ändern." Lass mich dir ein paar Fragen stellen: Hast du gelernt zu laufen? Hast du gelernt zu schreiben? Hast du gelernt zu lesen (offensichtlich ja)? Hast du gelernt zu rechnen? Hast du schon eine andere neue Fertigkeit gelernt? Dein Studium oder deine Ausbildung beendet? Den Führerschein gemacht? Wahrscheinlich hast du mindestens einer dieser Fragen (ich hoffe mehrere) mit Ja beantwortet. Du hast also auch in der Vergangenheit schon einmal Dinge gelernt, welche nicht zu dir gepasst haben, noch nicht authentisch für dich waren, welche noch nicht Teil deiner Persönlichkeit waren. Stell dir mal vor, du hättest damals gesagt „Ach ich bin nun einmal so. Ich bin jemand, der nicht lesen kann, der nicht schreiben kann, der nicht Auto fahren kann, der nicht laufen kann ...". Das wäre ziemlich absurd, oder? Also, warum drängst du dich dann hier in die Opferrolle? Erkenne diese Ausrede des Verstandes an und werde sie los.

5. **Egal, was ich mache, mich mag eh niemand.** Hier sind wir bei einer weiteren Opferrolle. „Ich, das arme Opfer, kann nichts dafür, und egal, was ich mache, mich wird ohnehin niemand mögen." Das ist besonders im zwischenmenschlichen Bereich die schlimmste Ausrede, denn es ist eine selbsterfüllende Prophezeiung. Wenn du so etwas von dir denkst, wird

sich auch dein komplettes Verhalten, wie du auf andere Menschen zugehst, entsprechend ändern. Du wirst wahrscheinlich leiser sprechen, keine aufrechte Körperhaltung haben, Augenkontakt meiden, unsicher auf andere Leute zugehen und zu neunundneunzig Prozent in deiner eigenen Komfortzone bleiben. Dabei ist das Tückische besonders, dass der Verstand immer nach Beweisen sucht. Der Verstand versucht nie, Dinge zu widerlegen, sondern immer zu beweisen.

Ich möchte dir dazu eine kleine Geschichte erzählen, denn ich habe jemanden gekannt, der wirklich extrem gut aussah, aber der ironischerweise absolut überzeugt davon war, dass keine Frau ihn jemals attraktiv finden würde. Wenn du das mitangesehen hättest, hättest du deinen Augen nicht getraut: So ziemlich jede Frau hat sich an ihn herangeschmissen. Doch er war davon überzeugt, dass keine ihn mag. Für ihn war das die Realität. Sein Verstand hat all die Situationen, in denen ihm eine Frau positiv gegenüberstand, gleichsam „weggefiltert" und sich nur auf die kleinen negativen Momente zwischendurch fokussiert: „Ah, sie hat keinen Augenkontakt mehr gesucht, sie hat nicht so schnell zurückgeschrieben, sie ist zwischendurch weggegangen." All dies hat sein Verstand als negativ interpretiert und ihn in seiner eigenen Ausrede, dass ihn keine Frau anziehend findet, bestärkt. **Für unseren Verstand gilt nicht „Ich glaube es, wenn ich es sehe", sondern „Ich glaube es, also sehe ich es".** Hole dich also aus dieser Opferrolle heraus und erkenne, dass es immer Menschen geben wird, die dich mögen.

6. **Das ist zu anstrengend.** Nein, nicht wirklich. Im Endeffekt ist es eine Frage des Willens und deiner Motivation. Was ist dein Warum hinter diesen Zielen? Wenn dein Warum stark genug ist, dann kannst du jedes Wie ertragen. Egal wie viel Zeit es braucht, egal wie anstrengend es ist oder egal wie viele Rückschläge du erleidest. Wenn du abnehmen möchtest und einen starken emotionalen Antrieb dahinter hast, dann nimmst du auch Sport auf dich. Wenn du mehr Selbstvertrauen im Umgang mit anderen Menschen haben oder engere

Beziehungen aufbauen möchtest und ein ausreichend starkes Warum dahinter hast, dann nimmst du auch die Aufgaben auf dich, die anfangs etwas unangenehm sind. Das Schöne daran ist: **Alles, was am Anfang schwer ist, wird mit der Zeit einfacher und dann zur Gewohnheit.**

ZUSAMMENFASSUNG:

- Ausreden sind die kleinen Brüder von Lügen.
- Unser Verstand ist verdammt gut darin, Ausreden zu erfinden.
- Es ist keine Frage des Alters.
- „Kein Geld" zählt nicht als Ausrede.
- Es ist keine Frage der Zeit, sondern der Prioritäten.
- Leg die Opferrolle ab und übernimm Verantwortung für dein Leben.
- Im zwischenmenschlichen Bereich ist fast alles eine selbsterfüllende Prophezeiung.
- Wenn dein Warum stark genug ist, erträgst du jedes Wie.

AUFGABE:

- Jetzt bist du an der Reihe – welche Ausreden erzählst du dir? Untersuche sie genau und gleiche sie mit unserer Liste ab. Welche Gegenbeispiele findest du für deine Ausreden, um diese Ausreden zu entschärfen?

2.5 ANGST VOR ABLEHNUNG

Die Angst vor Ablehnung – eine Angst, die jeder von uns spürt. Ja, ich auch. Fast jeden Tag sogar. Das hättest du jetzt wahrscheinlich nicht erwartet, oder? Lass dir erklären, warum. Angst vor Ablehnung ist etwas vollkommen Normales. Es ist nichts, was dich einzigartig macht und es ist nicht so, dass du mehr Angst vor Ablehnung hast als jemand anderes. Nein, jeder von uns spürt sie. Es ist ein Teil der menschlichen Erfahrung. Wie ich schon erwähnte, zeigt uns die Menschheitsgeschichte, dass wir Menschen aus Stämmen kommen, dass wir soziale Wesen sind. Wenn wir damals von der falschen Person abgelehnt worden wären, hätte uns vielleicht der komplette Stamm ausgestoßen oder wir wären womöglich sogar von einem statushöheren Stammesführer attackiert worden. All das hätte für uns den Tod bedeutet. Von daher haben wir eine enorm starke Angst davor, abgelehnt zu werden. Es ist keine rationale Angst, denn du weißt wahrscheinlich selber, dass dabei nichts Schlimmes passieren kann, trotzdem spüren wir es. Damit haben wir die größte Hürde genommen, denn viele Leute machen sich extrem fertig dafür, dass sie diese Angst vor Ablehnung spüren. Erinnere dich täglich daran, dass die Angst vor Ablehnung etwas Normales ist. Erlaube es dir, menschlich zu sein. Dazu habe ich zwei Nachrichten für dich. Eine schlechte Nachricht und eine gute Nachricht. Womit möchtest du anfangen? Okay, wir fangen mit der schlechten Nachricht an:

Du wirst die Angst vor Ablehnung niemals komplett loswerden (Ja, ich weiß, das wolltest du jetzt vielleicht nicht hören).

Die gute Nachricht ist: Du kannst lernen, damit umzugehen und diese Angst vor Ablehnung zu minimieren. Ja, du kannst es sogar soweit lernen, dass du anfängst, die Aufregung, diesen kleinen Nervenkitzel, zu mögen.

Wie machen wir das? Der erste und wichtigste Teil ist die schrittweise Desensibilisierung. Auf Deutsch: Setze dich der unangenehmen Situation so oft aus, bis dir das Gefühl egal ist. **Dein Gehirn**

hat nicht die Aufgabe, dich glücklich zu machen, sondern es hat die Aufgabe, dich am Leben zu halten. Bisher haben deine Verhaltensweisen dich am Leben gehalten. Dein Gehirn sieht daher auch keinen Grund, etwas anders zu machen. Du musst ihm zeigen, dass es nichts zu befürchten hat, wenn du auf neue Leute zugehst. Selbst, wenn die Person dich unglaublich gemein ablehnt, wird dir dadurch – anders als vielleicht in der Steinzeit – in der heutigen Welt nichts passieren. Für dein Gehirn ist Ablehnung jedoch eine gigantische Sache. Für dein Gehirn fühlt es sich immer noch so an, als könntest du potenziell aus dem Stamm ausgestoßen oder gleich vom ranghöheren Stammesführer angegriffen und getötet werden. Mache dir deswegen bewusst, dass es nicht schlimm ist und dass du danach immer noch leben wirst. Je öfter du das machst, desto intuitiver wird dein Vorgehen gegen uralte und unbewusste Muster. Vergleiche es mit dem Training. Wenn du zum ersten Mal ins Fitnessstudio gehst, ist es am Anfang auch sehr unangenehm. Deine Muskeln, deine Gelenke, deine Sehnen sind es nicht gewohnt und am nächsten Tag hast du den Muskelkater deines Lebens. Je länger du aber dranbleibst, desto angenehmer wird es, denn plötzlich gewöhnt sich dein Körper daran und etwas Interessantes passiert. Der Schmerz beim Training bleibt, doch du interpretierst ihn anders. Plötzlich gefällt er dir, plötzlich genießt du es, dich zu verausgaben. Plötzlich genießt du die Bewegung, welche du vor einigen Wochen oder Monaten noch als extrem unangenehm empfunden hast. Genauso wird sich deine Wahrnehmung der Angst vor Ablehnung verändern.

Das Wichtigste ist, dass du dich der Situation, die dir Angst macht, immer und immer wieder aussetzt. Abgesehen davon gibt es noch einige andere Methoden, welche die Ablehnungssituationen viel erträglicher machen.

1. **Die Person lehnt nicht dich ab, sondern den ersten Eindruck, den sie von dir in ihrem Kopf geformt hat.** Wenn du zum ersten Mal mit einer Person redest und diese Person dich ablehnt, dann hat sie nicht wirklich dich abgelehnt, denn sie kennt dich ja noch gar nicht. Ihr habt vielleicht ein paar

Minuten geredet oder noch weniger und alles, was sie von dir gesehen hat, ist eine bestimmte Interpretation, die sich in ihrem Kopf geformt hat. Sie lehnt also weder dich als Person noch deine Persönlichkeit ab, sondern sie lehnt das eben geformte Bild ab, welches mit großer Wahrscheinlichkeit keine angemessene Repräsentation deiner Persönlichkeit ist.

2. **Die Person ist pragmatisch**: Du passt einfach gerade nicht in ihre Pläne. Nehmen wir an, du sprichst sie an und sie ist gerade mit dem Kopf komplett woanders oder sie verfolgt aktuell bestimmte Ziele und hat heute noch extrem viel zu tun. Du möchtest dich vielleicht für später verabreden oder ein Gespräch starten, doch die Person hat absolut keine Zeit dafür oder kein Interesse daran. Sie ist mit den Gedanken komplett woanders und möchte gerade lieber, zum Beispiel auf einem Business-Event, mit jemand anderem sprechen. Auch in diesem Fall hat die Ablehnung absolut nichts mit dir zu tun, sondern die Person hat ganz einfach andere Pläne, welchen du gerade in die Quere kommst. Natürlich nicht böswillig, denn du wusstest ja nichts davon. Die Entscheidung der Person ist nichts Persönliches, sondern rein pragmatisch.

3. **Die Person ist im falschen emotionalen Zustand.** Warst du schon einmal unausgeschlafen, hattest seit acht Stunden nichts gegessen und musstest gleichzeitig ganz dringend auf die Toilette? Wie glaubst du, würdest du dann reagieren, wenn dich dann jemand aufhält und unbedingt mit dir sprechen möchte? Genau, wahrscheinlich ziemlich grantig. Es hat überhaupt nichts mit dir zu tun, dass die Person dich ablehnt, sondern ganz einfach mit ihrem emotionalen Zustand. Frag dich: Wann hat diese Person das letzte Mal gegessen? Hat die Person letzte Nacht gut geschlafen? Hat sie vielleicht gerade Stress? Hat sie Streit mit einem Freund oder ihrem Partner? Es ist sehr wahrscheinlich, dass die Ablehnung absolut nichts mit dir zu tun hat, sondern mit dem emotionalen Zustand der anderen Person.

4. **Die Person ist selber nervös.** Ein Beispiel, welches ich dazu immer gerne gebe, stammt aus meiner Schulzeit. Warst du vielleicht in der Schulzeit in ein Mädchen oder einen Jungen sehr verliebt? Kaum, dass dieses Mädchen oder dieser Junge dich angesprochen hat, wurdest du so nervös, dass du angefangen hast, dummes Zeug zu plappern. Kommt dir das bekannt vor? Glaub mir, ich hatte das in der Schulzeit ziemlich oft. Genau das passiert anderen auch. Hast du vielleicht einmal daran gedacht, dass die Person selbst nervös ist? Dadurch ist sie nicht entspannt und weiß nicht wirklich, was sie sagen soll. Alles, was aus ihrem Mund kommt, sind kurze, knackige Sätze, die unhöflich oder ablehnend wirken. Womöglich geht die Person genau die gleichen emotionalen Muster durch wie du. Sie ist auch nervös, weiß selber nicht, was sie sagen soll, kann genauso wenig mit der Situation umgehen wie du und würde sich wünschen, gar nicht so in den Mittelpunkt gestellt zu werden. Je eher du begreifst, dass wir alle durch die gleichen emotionalen Muster gehen, desto eher erkennst du auch eines der Mindsets, über das wir zuvor nachgedacht haben: dass mit dir nichts kaputt oder falsch ist, sondern dass du bisher einfach nicht genügend Erfahrung in vergleichbaren Situationen hattest. Glaub mir, die meisten Menschen werden nie ein Buch wie dieses hier in die Hand nehmen, um aktiv an ihren Unsicherheiten oder Zielen zu arbeiten. Du hingegen weißt jetzt schon, wie du mit deinen Emotionen umzugehen hast.

Das alles bringt uns noch zu einem ganz anderen Punkt: Wir Menschen sind keine Maschinen. Wir sind emotionale Wesen, was heutzutage gerne einmal zur Seite geschoben und vergessen wird. Auch wenn das Bild des rationalen Menschen von vielen immer noch als normal angesehen wird, wir handeln selten rational. Unsere Emotionen stets und ständig zu kontrollieren, ist einfach nicht möglich. In vielerlei Hinsicht haben die Reaktionen einer anderen Person also absolut nichts mit dir zu tun, sondern es sind ganz einfach Emotionen, die sie spürt und die gerade jetzt an die Oberfläche kommen.

Als letzten Punkt möchte ich dir noch mitgeben, dass du dich bitte von dem Gedanken trennst, alles kontrollieren zu können. Du wirst die Reaktionen der anderen Person niemals vollständig kontrollieren können und je früher du das einsiehst, umso besser ist es. Wenn du versuchst, alles zu kontrollieren, bist du angespannt, dann bist du nicht du selbst und lässt den Dingen nicht ihren natürlichen Lauf. Damit stellst du dir leider selber ein Bein. Bist du schon einmal in einer Situation gewesen, in der du gar nicht unbedingt wolltest, dass etwas funktioniert, doch plötzlich lief alles wie am Schnürchen? Du warst entspannt. Du hast dich nicht darauf fokussiert, das beste Ergebnis zu erzielen oder einen tollen Eindruck zu hinterlassen. Es war dir ganz einfach nicht so wichtig. **Du hast das Lenkrad des Lebens einmal losgelassen und den Dingen ihren Lauf gelassen.** Sobald du es aber aktiv versucht hast, bist du gescheitert. Genauso ist es im zwischenmenschlichen Bereich. Je früher du dich von dem Gedanken trennst, alles kontrollieren zu können, desto besser wird alles für dich laufen.

ZUSAMMENFASSUNG:

- Angst vor Ablehnung ist etwas vollkommen Natürliches.
- Du wirst die Angst vor Ablehnung niemals komplett los, doch du wirst lernen, damit umzugehen.
- Das Wichtigste ist, dich den unangenehmen Situationen immer wieder auszusetzen.
- Nimm Ablehnung nicht persönlich, denn du weißt nicht, was im Leben der anderen Person gerade vorgeht.
- Hör auf, alles kontrollieren zu wollen, und lass Beziehungen sich auf natürliche Art und Weise entfalten.

AUFGABE:

- Setze dich bewusst der Möglichkeit aus, abgelehnt zu werden. Fang heute mit fünf fremden Leuten ein Gespräch an. Freue dich, wenn es keine Ablehnung gibt, aber lerne, damit umzugehen, falls dich eine Person ablehnt. Arbeite dabei mit den Methoden, die ich dir vorgestellt habe.

2.6 DER ANGSTKILLER NUMMER EINS

Sozial zu sein und enge Beziehungen aufzubauen ist das Natürlichste für Menschen. Wenn Mann und Frau sich attraktiv finden und genug Zeit miteinander verbringen, wird es immer auf Sex hinauslaufen, außer wir fangen an, es zu „zerdenken". Damit können wir jede einzelne unserer Beziehungen sabotieren. Unser Verstand ist das mächtigste Werkzeug, was uns mitgegeben wurde, wenn wir lernen, es zu benutzen. Unser Verstand erlaubt es, jedes Problem und jede Herausforderung zu lösen und jedes Ziel zu erreichen. Der Verstand wird jedoch niemals deine zwischenmenschlichen Beziehungen für dich regeln. Leider sind wir in der heutigen Zeit größtenteils in unserem Kopf gefangen und werden enorm von unserem Verstand gelenkt, anstatt unseren Verstand zu lenken.

Warum ist der Verstand ein so mächtiges Werkzeug? **Er erlaubt uns im Endeffekt, in die Zukunft zu schauen**. Er gibt uns die Möglichkeit, nicht wie ein Tier ganz einfach eine Handlung auszuführen und dann erst die Konsequenzen zu durchleben. Er ermöglicht uns stattdessen, mental verschiedene Szenarien durchzuspielen, welche potenziell eintreten können, wenn wir einer Handlung nachgehen. Das ist enorm wertvoll. Vielen Situationen warst du noch nie ausgesetzt, trotzdem kann dein Verstand sie für dich durchspielen. Wird der Verstand richtig genutzt, ist er ein äußerst wertvolles Werkzeug. Denk daran, die evolutionäre Aufgabe des Gehirns ist nicht, uns glücklich zu machen, sondern unser Überleben zu sichern. Was du bisher gemacht hast, hat dich am Leben gehalten, also wirst du auch, solange du dein Bewusstsein nicht änderst, genauso weitermachen.

Häufig ist der Verstand auch sehr akkurat darin, außer, wenn es um Ängste geht. **Dann bläst er Szenarien enorm gerne auf und hält dich damit zurück**. Er macht aus der kleinen Mücke den sprichwörtlichen großen Elefanten. Lass dir einmal ein paar

Situationen durch den Kopf gehen, die dir Angst machen. An was denkst du zum Beispiel, wenn du eine attraktive Person des begehrten Geschlechts ansprechen möchtest und zehn Leute darum herumstehen? Welches Horrorszenario erstellt dein Verstand? Was, wenn du auf eine neue Person zugehen möchtest? Was, wenn du in einer großen Gruppe bist und das Wort an dich reißen möchtest? Was, wenn du vor einer großen Menschenmenge auf die Bühne treten sollst? Was, wenn du jemandem gestehen möchtest, dass du ihn liebst? Was, wenn du dich gegenüber jemanden öffnen möchtest? Welche Horrorszenarien baut dein Verstand dabei in deinem Kopf auf? Genau das meine ich. Wenn du darüber nicht aktiv die Kontrolle übernimmst, wird dein Verstand dir bis zum Lebensende diese Horror-Szenarien im Kopf vorspielen, obwohl sie nicht real sind.

Und damit kommen wir zum Angstkiller Nummer eins, nämlich dem Werkzeug, das es uns ermöglicht, unseren Verstand zu kontrollieren, unsere negativen Emotionen zu beruhigen und unsere positiven Emotionen zu verstärken. Klingt cool? Okay, hier ist es:

Meditation. Ja, Meditation. Sich jeden Tag für ein paar Minuten hinzusetzen und in Ruhe auf seinen eigenen Atem zu achten. Dabei geht es mir jetzt nicht unbedingt um spirituelles Wachstum (wenn das für dich ein Antrieb ist, dann nutze es), sondern eher um sehr pragmatische und wissenschaftlich bewiesene Aspekte. Es wurde nachgewiesen, dass Meditation sowohl Nervosität als auch Angst lindert und dich allgemein sehr viel ruhiger macht. Du hörst auf, Dinge zu überdenken. Normalerweise ist dein Verstand den ganzen Tag aktiv, doch **Meditation gibt dir die Möglichkeit, den inneren Monolog endlich einmal zu beruhigen.**

Meditation eliminiert also alles, was wir nicht wollen, und regt gleichzeitig deine Kreativität an. Meditation stimuliert deinen Flow-Zustand. **Sie macht dich präsenter** (was besonders für ein gutes Auftreten sehr wichtig ist). Meditation stimuliert deine positiven Emotionen und macht dich achtsamer. Gerade die Achtsamkeit brauchen wir, denn nur durch Achtsamkeit können wir unsere unbewussten Gedanken und Verhaltensmuster aufdecken und ändern. Kurz gesagt ist Meditation das, was einer magischen Pille am nächsten kommt.

Was musst du tun? Setze dich in einen stillen Raum, wo du für ein paar Minuten ungestört bist, stelle einen Timer auf zehn Minuten, schließe die Augen und achte auf deinen Atem. Das war es schon, komplizierter ist Meditation nicht. Wenn du merkst, dass du ständig in Gedanken abschweifst, kein Problem. Urteile nicht darüber, erkenne es an und kehre zu deinem Atem zurück. Das ist ein enorm wichtiger Punkt: **Urteile nicht darüber, dass du abschweifst**! Abschweifen ist normal, du kannst es nicht verhindern. Es kommt nur darauf an, wie schnell du bemerkst, dass du abgeschweift bist und mit deiner Aufmerksamkeit zum Atem zurückzukommst.

Falls Meditation für dich etwas ganz Neues ist oder du deine ersten Meditationserfahrungen vertiefen möchtest, habe ich für dich im Online-Kurs, der dieses Buch begleitet, eine geführte Meditation. Sie vermittelt dir alle Grundlagen zur Meditation. Trage dich jetzt für den Online-Kurs ein, um dort den Zugriff auf die Meditation zu erhalten. Den Kurs gibt es auf: **www.alexanderwahler.com/ffkurs**

Meditation hilft dir übrigens sehr, im Alltag in die sogenannte Soft-Zone zurückzukommen. Wenn du dich in der Soft-Zone befindest, dann hast du einen ruhigen, jedoch intensiven Fokus auf dir, und lernst mit allen Gegebenheiten der Außenwelt zu leben. Äußerlich wirkst du ruhig und entspannt, doch im inneren fließen die kreativen Säfte. Wie ein flexibler Grashalm welcher im Wind tanzt und allen äußeren Herausforderungen trotzt.

Das Gegenteil davon ist es verspannt zu sein, die Hard-Zone. Wie ein trockener Zweig bist du kurz davor, im Angesicht der kleinsten Situation die nicht so läuft wie du es dir vorstellst, zu zerbrechen.

Gerade, wenn wir uns zu sehr in unserem Verstand verlieren, anfangen, Dinge zu überdenken, uns Sorgen zu machen, uns in die Vergangenheit oder Zukunft zu ziehen, dann wird unser kompletter Ausdruck sehr hart. Wir werden verspannter, unsere Mimik wird härter, unsere Stimme ist nicht mehr entspannt. Wir sind eher in einem leicht gestressten Dauerzustand, anstatt in einer entspannten Stimmung, die es uns erlaubt, unsere Persönlichkeit frei auszudrücken. Komm in solchen Angstsituationen oder wenn du merkst, dass du dich zu sehr in deinen Verstand zurückziehst, zurück in die Soft-Zone. **Bau das, was du in der Meditation lernst, in deinen Alltag ein.** Wenn du merkst, dass du zu sehr in Gedanken gefangen bist, nimm ein paar tiefe Atemzüge und komm zurück in den aktuellen Moment. **Ersetze Anspannung durch Entspannung. Sobald wir nervös werden, verlieren wir den Zugang zum entspannten Strom des Lebens.** Darauf basiert das komplette soziale Gefüge. Hast du schon einmal mit einer Person geredet, die richtig angespannt war, oder warst du selbst schon einmal richtig angespannt, während du mit einer neuen Person geredet hast? Sobald einer der Gesprächspartner extrem angespannt ist oder es gar beide sind, kommt keine lockere Unterhaltung zustande. Nur unter Entspannung kann Vertrauen entstehen, und nur, wenn Vertrauen entsteht, kann eine Freundschaft entstehen.

ZUSAMMENFASSUNG:

- Der Verstand kann jedes deiner Probleme lösen, aber niemals deine zwischenmenschlichen Beziehungen.
- Aus kleinen Mücken macht er gerne die größten Elefanten.
- Meditation hilft dir dabei, die Anspannung loszuwerden.

AUFGABEN:

- Beginne ab heute für die nächsten sieben Tage jeden Tag mit der geführten Meditation aus dem kostenlosen Online-Kurs.

So lernst du sehr schnell die Grundlagen und Vorzüge von Meditation kennen.
- Die Angst zu definieren heißt, die Angst zu eliminieren, und genau das wollen, wir hier tun. Schreib dir detailliert auf, welche Horrorszenarien der Verstand in deinem Kopf ablaufen lässt, wenn du in einer Situation bist oder vor einer Situation stehst, die dich nervös macht. Liest du deine Aufzeichnungen anschließend durch, kannst du erkennen, wie absurd und unrealistisch die meisten Szenarien des Verstandes eigentlich sind.

2.7 DAS EINMALEINS DER PEOPLE-PLEASER

Lass uns einen extrem wichtigen Punkt ansprechen: **Es werden dich niemals alle Menschen mögen.** Wir Menschen haben vielleicht alle den gleichen Aufbau, doch wir haben unterschiedliche Interessen, unterschiedliche Weltsichten und unterschiedliche Ziele. Vielen Menschen fällt es schwer, das wirklich in ihren Alltag einzubauen und **sie tun alles dafür, um bloß niemandem auf die Füße zu treten**. Sie verhalten sich wie ein „People-Pleaser". Lass mich dir dazu ein Beispiel geben:

Nehmen wir an, du triffst hundert Leute und sagst allen nichts anderes als „Hallo, ich liebe Hunde!" Du hast immer den gleichen Ausdruck, immer die gleiche Mimik, immer den gleichen Handschlag. Jede Begegnung ist von deiner Seite aus gleich. Bei einem Großteil der Leute wirst du eine recht neutrale Reaktion bekommen, doch es ist keine Basis vorhanden für eine wirklich enge Freundschaft. Mit manchen wirst du dich extrem gut verstehen und es wird auch einige geben, die dich, warum auch immer, abgrundtief hassen werden. Vielleicht haben sie ein Kindheitstrauma, weil sie von einem Hund gebissen wurden, vielleicht sind sie absolute Hundehasser oder ganz einfach, weil ihnen irgendetwas an deinem Ausdruck, deinem Aussehen, deinem Auftreten oder sonst etwas an dir nicht gefällt. Das kannst du nicht kontrollieren **und das solltest du auch nicht wollen, denn der einzige Weg, dass alle Menschen dich mögen, ist, ein soziales Chamäleon zu sein**. Das würde bedeuten, dass du dich, je nachdem wer dir gegenübersteht, immer verstellst. Damit gehst du jeder unangenehmen Situation aus dem Weg, bist aber auch absolut charakterlos. **Hast du keine Feinde, dann hast du keinen Charakter**. Hast du keinen Charakter, kannst du keine Leute anziehen, die dich nicht nur mögen, sondern lieben. Wir können das Zitat also noch erweitern: **Wer charakterlos ist, ist auch freundlos**.

Zudem respektiert niemand einen People-Pleaser, eine Person, die auf gar keinen Fall jemandem auf die Füße treten will. Stell dir doch einfach einmal einen typischen People-Pleaser vor. Er **verbiegt sich**, um ja niemandem in die Quere zu kommen. Er ist **stets politisch korrekt** und **passt sich der Mainstream-Einstellung an**. Er ändert immer seine Meinung, je nachdem, wer ihm gegenübersteht, um ja niemandem zu widersprechen. Er hat **weder Rückgrat noch persönliche Werte**, für die er steht, sondern ist **das „perfekte" soziale Chamäleon**. Was fühlst du? Fühlst du dich von dieser Person angezogen oder fühlst du dich eher angeekelt? Würdest du zu dieser Person aufschauen oder würdest du eher auf sie herabschauen? Leider ist dies ein starkes Phänomen in der heutigen komfortablen Gesellschaft, wo jeder politisch korrekt oder bei der kleinsten Kleinigkeit beleidigt ist und damit dafür sorgt, dass Leute ihr Sozialleben vorsichtig, fast schon auf Zehenspitzen beschreiten.

Aber hier kommt der große Newsflash: Die Welt wird niemals so sein, dass dich jeder mag. Es wird immer Konflikte geben, es wird immer Widersprüche geben, es wird immer andere Weltsichten geben. Je früher du das erkennst, desto besser. Allein, wenn du diese eine Kleinigkeit begreifst, meisterst du neunundneunzig Prozent deiner Probleme im Umgang mit anderen Menschen und dir stehen alle Türen offen. Dann hast du keine Scheu mehr, dich auszudrücken, zu deinen Werten zu stehen oder jemandem zu widersprechen. Das Wichtigste dabei: Du hast keine Scheu, zu falschen Beziehungen Nein zu sagen und stattdessen echte, authentische Freundschaften aufzubauen.

Was ist im Endeffekt ein People-Pleaser? Was sagt dieses Verhalten über dich aus? Es sagt nichts anderes, als dass dir die Bewertung durch andere Menschen wichtiger ist als dein persönlicher Ausdruck, deine persönliche Freiheit, deine persönliche Erfüllung und deine persönlichen Werte. Lass dir das einmal durch den Kopf gehen. **Möchtest du so leben?** Möchtest du, dass du mehr Wert auf die Meinung legst, die andere Menschen von dir haben, als auf deine persönliche Erfüllung? Willst du niemandem auf die Füße treten und jeder Konfliktsituation aus dem Weg gehen? Oder, möchtest du lieber mit echten Freunden glücklich sein? – Letzteres? Das dachte ich mir.

ZUSAMMENFASSUNG:

- Egal was du tust, es wird dich niemals jeder mögen.
- Habe keine Angst, Leuten auch einmal zu widersprechen.
- Wer keine Feinde hat, hat keinen Charakter, und wer keinen Charakter hat, kann keine echten Freunde haben.
- Niemand respektiert People-Pleaser.
- Setze deine persönliche Erfüllung über die Meinung anderer Menschen von dir.

AUFGABEN:

- Gibt es Situationen, in denen du manchmal in die People-Pleaser-Falle fällst? Welche Situationen sind das und warum fällt es dir schwer zu widersprechen?
- Lerne, unterschiedliche Meinungen und Weltsichten zu tolerieren – aber auch, jemandem ganz klar Nein zu sagen.
- Sag in fünf Situationen bewusst Nein. Hier ein paar Beispiele für geeignete Situationen:
    - Ein Arbeitskollege will, dass du etwas für ihn erledigst, obwohl es gerade zeitlich nicht passt, sag Nein.
    - Jemand möchte etwas von dir, was gerade nicht wirklich in deinen Tagesplan passt, lehne es ab.
    - Jemand lädt dich zu einem Event ein, zu dem du eigentlich nicht hinmöchtest, lehne höflich ab.

2.8 DER MYTHOS „SCHÜCHTERNHEIT"

Ja, du hast richtig gelesen. Schüchternheit ist ein Mythos. Du bist nicht schüchtern. Lass uns dazu erst einmal einen wichtigen Unterschied klarstellen. Nämlich den Unterschied zwischen Introversion und Schüchternheit. Das sind zwei sehr verschiedene Dinge, die gerne einmal in den gleichen Topf geworfen werden.

Fangen wir mit Introversion an. **Introversion ist nichts anderes als eine nach innen gerichtete Haltung.** Wenn du introvertiert bist, heißt das, dass du immer wieder Zeit für dich alleine brauchst, um deine Energien aufzuladen. Du magst es vielleicht, unter Leuten zu sein, doch mit der Zeit wird es für dich zu anstrengend und du ziehst dich lieber ein wenig zurück. Sobald du alleine bist, gewinnst du wieder mehr Energie, während es dir eher Energie entzieht, zu lange unter Leuten zu sein. Extrovertierte Leute erleben genau das Gegenteil. Sind sie zu lange allein, verlieren sie Energie, während sie durch andere Menschen Energie bekommen. Wie genau du als introvertierte Person die richtigen Leute kennenlernst, darauf gehe ich in einem späteren Kapitel noch einmal ein.

Schauen wir uns nun die Schüchternheit an. Die Definition von Schüchternheit ist wie folgt: „Auf Begegnung mit unvertrauten Menschen oder Situationen mit Furcht zu reagieren." Diese Definition enthält eine wichtige Komponente, nämlich das Wort „unvertraut". Es bedeutet, dass du nur auf Situationen mit Furcht oder Nervosität reagierst, welche du noch nicht gut genug kennst. Das heißt, du BIST nicht schüchtern, dir sind manche Situationen oder Menschen einfach noch nicht vertraut genug. Wenn du sagst, du BIST schüchtern, dann kreierst du eine Eigenschaft. Du schreibst dir eine Eigenschaft zu, welche angeblich Teil deiner Persönlichkeit ist. Doch du bist gar nicht schüchtern, es ist ganz einfach nur ein Zustand. **Du BIST männlich oder weiblich, du VERHÄLTST oder FÜHLST dich schüchtern.** Das Schöne daran ist, ein Verhalten können wir ändern. Selbst extrovertierte

Leute fühlen sich mal schüchtern. Ja – ich bin inzwischen recht extrovertiert und war in der Vergangenheit sehr viel introvertierter als heutzutage, doch ich habe es gelernt, diesen Zustand der Schüchternheit zu eliminieren und ihn stattdessen durch Selbstvertrauen zu ersetzen. Eine Sache, die uns häufig dabei zurückhält, ist nicht wirklich die Angst in der Situation, sondern die Angst vor der Angst. Diese Angst vor der unangenehmen Situation ist in der absoluten Mehrzahl der Fälle viel schlimmer als die Situation an sich.

Warst du auch schon einmal vor einer Situation, vielleicht vor einer Prüfung, einem wichtigen Gespräch oder einer anderen für dich wichtigen Anlass, extrem nervös? Kaum hast du dich der Situation ausgesetzt, hat sich diese Nervosität in Luft aufgelöst. Es ist häufig bei Schüchternheit der Fall, dass wir weniger Angst in der Situation haben, sondern uns eher davor fürchten, dass die Angst auftaucht und mit jedem Moment immer schlimmer wird. Das ist nicht der Fall. In Wirklichkeit steigt Angst bis zu einem bestimmten Grad, bleibt dort und sinkt dann recht schnell wieder ab.

Der effektivste Weg, um Schüchternheit zu überwinden, ist, dich mit der Situation vertraut zu machen. Sobald dir eine Situation vertraut ist, hast du keine Angst mehr vor ihr. Du bist nicht mehr nervös und kannst deswegen deine Persönlichkeit freier entfalten. Denk an eine Situation, die dir unglaublich vertraut ist: Auto zu fahren, morgens an deinem Frühstückstisch zu sitzen oder irgendeine andere Situation, in der du schon Tausende Male warst. Verhältst du dich dabei etwa schüchtern? – Nein, wahrscheinlich nicht! Wahrscheinlich fällt es dir dann sogar sehr leicht, aus dir herauszukommen, Witze zu reißen, charismatisch zu sein und sogar die Aufmerksamkeit auf dich zu ziehen. Nur, weil du dich den Situationen anvertraut hast.

Genau das ist auch das Geheimnis von Personen, die in anscheinend jeder Situation enormes Selbstvertrauen an den Tag legen. Sie haben in der Situation nur deshalb so enormes Selbstvertrauen, weil sie genau dieses Szenario schon Hunderte oder Tausende Male vorher erlebt haben. Sie wissen genau, was passieren wird, und ihr Verstand spielt ihnen keine blöden Streiche mehr. Selbst wenn er es täte, wüssten sie aus eigener Erfahrung, dass es nicht die Realität ist.

Manche Leute wurden vielleicht damit geboren, die meisten hingegen nicht. Wie auch ich und Hunderte meiner Coaching-Klienten müssen es die meisten Menschen lernen. Selbstvertrauen ist nichts, was du einfach so bekommst, es ist etwas, das du dir verdienst. Genauso sieht es mit deinen Zielen für dein Sozialleben und deinem Freundeskreis aus. Um diese Ziele zu erreichen und das zu bekommen, was du willst, musst du auch verdienen, was du willst. Was uns zu einem weiteren wichtigen Aspekt bringt: Mut.

Die Definition von Mut ist nicht, keine Angst zu haben, sondern Angst zu haben und es trotzdem zu tun. Genau das ist der Schlüssel, um deine Schüchternheit zu überwinden. Hab den Mut, dich unvertrauten Situationen zu stellen. Hab den Mut, auf Personen, welche dir nicht vertraut sind, zuzugehen, und zeige deinem Verstand, dass es nicht so schlimm ist. Mit der Zeit werden dir mehr und mehr Situationen vertraut, was dazu führt, dass du immer mehr Selbstvertrauen bekommst. Was dich dann antreibt, in mehr unvertraute Situationen zu gehen, was wieder zu mehr Selbstvertrauen führt und somit zu einer unendlichen Aufwärtsspirale wird.

Sehr schön erkennt man das in einer Interviewserie, die ich vor Jahren auf YouTube gesehen habe, in der bekannte Hollywoodschauspieler interviewt wurden. Eine Frage hat mein Interesse ganz besonders geweckt. Es war stets eine der letzten Fragen: „Was ist dein Kriterium dafür, welche Rollen du auswählst?" Interessanterweise gaben neunzig Prozent der Teilnehmer die gleiche Antwort: Sie haben stets die Rollen ausgewählt, die ihnen am meisten Angst gemacht haben. Interessant, nicht wahr? Erfolgreiche Schauspieler haben also den „Code geknackt". Sie wissen genau, dass ihr größtes persönliches Wachstum und die größte Quelle ihres Selbstvertrauens dort liegt, wo sie am meisten Angst spüren. Sie haben sich aus ihrer Komfortzone herausbegeben, um sich stattdessen einem

Abenteuer zu stellen. Genau das hat dazu beigetragen, sie an die Spitze des Erfolgs zu katapultieren.

Ein letzter Punkt, auf den ich gerne noch zu sprechen kommen möchte, ist die Meinung anderer Menschen. Das, was uns häufig davon abhält, mit Selbstvertrauen in einer Situation aufzutreten, ist, dass wir zu viel Wert auf die Meinung anderer legen. Um dieses Thema ein für alle Mal zu erledigen, möchte ich dir folgendes Zitat mitgeben:

> „Die meisten Menschen denken nicht über dich nach, sie denken hauptsächlich über das nach, was andere Menschen über sie denken."
> - Sir Sean Connery, Schauspieler

ZUSAMMENFASSUNG:

- Schüchternheit ist keine Eigenschaft, sondern ein Zustand.
- Mach dich mit Situationen vertraut, um deine Schüchternheit abzulegen.
- Dein größtes Wachstumspotenzial liegt in deiner größten Angst.
- Mut ist, Angst zu haben und es trotzdem zu tun.
- Die meisten Menschen denken nicht über dich nach, sondern über das, was andere Menschen von ihnen denken.

AUFGABE:

- Jetzt wird es Zeit, Schritt für Schritt deine Schüchternheit zu überwinden. Such dir drei Situationen aus, welche dich nervös oder schüchtern machen. Setze dich ihnen aus und bleibe bewusst länger darin als früher. Beobachte, wie die Angst bis zu einem bestimmten Punkt steigt und dann langsam, aber stetig zurückgeht. Mit der Zeit werden dir die Situationen vertrauter, wodurch deine Schüchternheit abnimmt und dein Selbstvertrauen steigt.

2.9 DAS GEHEIMNIS UNSCHLAGBAREN SELBSTVERTRAUENS

Zwei Begriffe stehen bei der Persönlichkeitsentwicklung immer wieder im Raum: **Selbstbewusstsein und Selbstvertrauen**. Es sind enorm wichtige Fähigkeiten, an denen wir stets arbeiten müssen. Ich denke, dass man nie genug Selbstbewusstsein und -vertrauen haben kann. Häufig werden diese beiden Begriffe allerdings vermischt. Ich dagegen unterscheide sie sehr bewusst. Warum und wie ich sie unterscheide, werde ich im Folgenden erklären.

Fangen wir mit dem Selbstbewusstsein an. Schauen wir uns zuerst das Wort SelbstBEWUSSTSEIN einmal genauer an. „Bewusstsein": Wie bewusst bist du dir über dich selbst? Hier liegt in vielerlei Hinsicht der Schlüssel zu all deinen Herausforderungen. Je bewusster du dir über deine Verhaltensweisen, deine Mindsets, deine Glaubenssätze und deine Ziele bist, je bewusster du dir über das bist, was dich antreibt und was nicht, desto eher kannst du Schwachpunkte entdecken und diese abbauen. Wer hingegen ein niedriges Selbstbewusstsein hat, verhält sich wie die Fliege, die ständig gegen das Fenster fliegt. **Er verfolgt immer wieder den gleichen Ansatz, wundert sich aber, warum er nicht vorankommt**. Jemand mit einem höheren Selbstbewusstsein würde vielleicht die erste Methode probieren und recht schnell merken, dass das für ihn nicht funktioniert. Eine selbstbewusste Person nimmt dann eine Metaperspektive ein, hinterfragt ihre Herangehensweise, merkt, dass sie aktuell nicht für sie passt und probiert etwas anderes aus. Daher kannst du **nur mit dem nötigen Selbstbewusstsein überhaupt anfangen, wirklich effektiv an dir zu arbeiten**.

Kommen wir zum Selbstvertrauen. Auch hier schauen wir uns zuerst das Wort genauer an SelbstVERTRAUEN,

„Vertrauen": Wie sehr vertraust du dir selbst? Genauso wie du anderen Personen vertraust, musst du dir selber vertrauen. Woher kommt dieses Vertrauen? Es kommt ganz einfach daher, dass du in der Vergangenheit dein Wort dir gegenüber gehalten hast und dass du vergangene Herausforderungen gemeistert hast. Deshalb vertraust du dir auch in Situationen, welche du noch nicht kennst. Du vertraust dir, dass du diese genauso meistern wirst wie vergangene Herausforderungen.

Schauen wir uns nun an, wie du sowohl dein Selbstbewusstsein als auch dein Selbstvertrauen ausbauen kannst. Es gibt drei Methoden, die ich dir dringend ans Herz lege.

1. Meditation. Wenn du jeden Tag meditierst, entwickelst du mit der Zeit einen neuen Sinn. Du lernst, deine eigenen Emotionen und Gedanken zu beobachten, deine Gedanken und Glaubenssätze zu hinterfragen und somit deine komplette Persönlichkeit aus einer Metaperspektive zu sehen.

2. Selbstreflexion. Setz dich in regelmäßigen Abständen hin und schreibe Tagebuch. Reflektiere über dich selber, am besten täglich. Stell dir simple Fragen wie: Was hat heute gut für mich funktioniert, was hat nicht so gut für mich funktioniert? In welchen Situationen war ich glücklich, in welchen war ich nicht glücklich? Was hat mich dabei so glücklich gemacht? Was habe ich in dem Moment gedacht? Worauf habe ich mich fokussiert? Welche negativen Verhaltensweisen lege ich immer wieder an den Tag? Was muss passieren, damit ich sie ablege?

Allein durch diese simple Selbstreflexion wirfst du das Licht deiner eigenen Aufmerksamkeit auf das Dunkel deiner automatischen Angewohnheiten. Hast du erst einmal Licht ins Dunkle gebracht, kannst du anfangen, dich und deine Verhaltensweisen zu ändern.

3. Austausch. Tausche dich mit guten Freunden, Mentoren und Leuten, denen du vertraust, aus. Sprich mit ihnen über deine Probleme. Sprich mit ihnen über deine Herausforderungen. Sprich mit ihnen über deine Gedanken und über alles, was dir

gerade so auf der Seele liegt. Sie geben dir eine komplett andere Perspektive auf dich selber. Häufig verlieren wir uns zu sehr in unseren eigenen Gedanken und sehen den Wald vor lauter Bäumen nicht mehr. Ein einfaches Gespräch über das, was dir aktuell durch den Kopf geht, und das Feedback von Freunden können dir helfen, dein eigenes Selbstbewusstsein zu stärken. Das ist besonders für zwei Aspekte wichtig. Zum einen wird dir, je mehr du dich kennst, desto mehr bewusst, was du willst, was du nicht willst und, ganz wichtig: Warum du es willst. Was die eigentliche antreibende Motivation dahinter ist. Zum anderen merkst du recht schnell, welche Ansätze funktionieren und welche nicht, denn nicht für jeden von uns funktioniert das Gleiche.

Ein weiterer sehr wichtiger Punkt ist, dass wir Menschen Routinen lieben. Unser Gehirn liebt es, Zeit und Energie zu sparen, von daher baut es sich sehr gerne Routinen auf, die unbewusst ablaufen. Wahrscheinlich machst du, wenn du morgens aufstehst, die ersten paar Handlungen automatisch und unbewusst.

Diese tagtäglichen Routinen, sowohl mentale Routinen als auch Verhaltensweisen, müssen immer mal wieder unterbrochen werden. Dies bezeichnet man als **Pattern-interrupt** (Muster-Unterbrechung). **Eine solche Unterbrechung sorgt dafür, dass wir mental wieder ein wenig wacher werden**. Dieser Effekt ist zum Beispiel ganz natürlich zu beobachten, wenn du auf Reisen bist. Deine Umgebung ist anders, wodurch deine Wahrnehmung automatisch ein wenig wacher sein wird. Plötzlich nimmst du neue Dinge wahr und die Zeit scheint fast schon langsamer zu vergehen.

Selbstvertrauen bekommst du nur auf einem einzigen Weg: durch die Herausforderung. Indem du dich immer wieder Herausforderungen stellst, dir Ziele setzt und auf diese stetig hinarbeitest. Du wirst dein Selbstvertrauen nicht allein durch Affirmationen (selbstbejahende Sätze) aufbauen oder indem du ganz stark an dich glaubst. Nein, wenn du zu Hause sitzt und du dir ständig mit Affirmationen erklärst, wie toll du doch eigentlich bist, baust du nicht dein Selbstvertrauen auf, sondern dein Ego. **Dein Ego ist etwas künstlich Aufgebautes, Selbstvertrauen ist etwas, was du dir verdient hast.**

Gerne erkläre ich Selbstvertrauen, indem ich es mit dem Vertrauen zu anderen Leuten vergleiche. Wie wird Vertrauen zu anderen Leuten aufgebaut? Ganz klar – indem du dein Wort ihnen gegenüber hältst. Wenn du jemandem ein Versprechen gibst und dich nicht an dein Wort hältst, dann vertraut die Person dir auch nicht. Genauso funktioniert es bei dir. Wenn du dir ständig sagst, dass du ein bestimmtes Ziel erreichen möchtest oder ein bestimmtes Ritual jeden Tag machen möchtest, es allerdings einfach nicht durchziehst, dann hast du auch keinen Grund, dir selbst zu vertrauen. Das heißt, der einzige Weg, dein Selbstvertrauen aufzubauen, ist, dir selber Herausforderungen zu stellen und diese zu hundert Prozent durchzuziehen. Wenn du dir viel vornimmst, aber es nicht machst, dann kannst du dir selber nicht vertrauen. Wenn du dir selber nicht vertrauen kannst, wie sollen dir dann andere Menschen vertrauen?

Abgesehen davon hat dein Selbstvertrauen enorm viel mit deinem inneren emotionalen Zustand zu tun. **Je besser du deinen inneren emotionalen Zustand steuern kannst, desto leichter ist es auch, ein hohes Selbstvertrauen zu haben.** Wann hast du eher ein hohes Selbstvertrauen? Wenn du dich müde, ausgelaugt und ein wenig demotiviert fühlst oder wenn du voller Energie steckst, richtig gut gelaunt bist und den Tag erobern willst? Je besser dein emotionaler Zustand, desto höher ist auch dein Selbstvertrauen. Dabei haben wir einen schönen Kreislauf, den wir für uns nutzen können. Je höher dein Selbstbewusstsein, desto besser kannst du deine Emotionen steuern und desto eher kannst du in jeder Situation dein Selbstvertrauen aufbauen. Lass mich dir das an einem Beispiel erklären:

Nehmen wir an, du bist in einer Gruppensituation, in der du die Leute noch nicht wirklich kennst, weshalb auf einmal Nervosität in dir aufkommt. Wenn du ein hohes Selbstbewusstsein hast, dann bist du nicht jemand, der sofort von der Emotion übermannt wird und quasi „einfriert", sondern du bemerkst: „Ach schau mal, das Gefühl wieder. Das kenne ich doch von den letzten Malen." **Plötzlich hast du durch dein Selbstbewusstsein eine Distanz zwischen dir und der Emotion geschaffen**. Du merkst, es ist nur eine Emotion, von der du dich nicht übermannen lassen musst. Da du dich in der Vergangenheit schon mehreren Situationen gestellt hast, die ähnlich waren oder weißt, dass du schon andere Situationen gemeistert hast, hast du auch erfahren, dass dieses Gefühl mit der Zeit weggehen wird. Du vertraust also auf dich selber, auf deine Persönlichkeit und dass du nicht von dieser Emotion überrannt wirst, weil du es schon geschafft hast, die erste Lücke zwischen der Emotion und dir aufzubauen. Du bleibst in der Situation, traust dich, ein wenig mehr aus dir herauszukommen und hast dich einer Herausforderung gestellt, die dich vielleicht beim letzten Mal überfordert hätte. Ohne dieses Selbstbewusstsein, ohne diese Achtsamkeit auf deine Emotionen, wärst du vielleicht von der Nervosität sofort übermannt worden und hättest die Gruppe verlassen. Da du allerdings ein hohes Selbstbewusstsein hast, hast du die Emotion erkannt, dich von ihr distanziert, dich daran erinnert, dass du Selbstvertrauen aufbaust, indem du dich der einschüchternden Situation stellst, und somit hast du einen weiteren Schritt zu größerem persönlichen Wachstum gemacht.

Das nächste Mal, wenn du einer ähnlichen Situation begegnest, kannst du dich an das letzte Ereignis erinnern. „Ja, ich war schon einmal in so einer Situation, ich habe es alles gut überstanden, also schaffe ich es dieses Mal erst recht." Auf diese Weise baust du ein schönes Zusammenspiel zwischen Selbstbewusstsein und Selbstvertrauen in deinen Alltag ein.

ZUSAMMENFASSUNG:

- Selbstbewusstsein – Wie bewusst du dir über dich selber bist.
- Selbstvertrauen – Wie sehr du dir vertraust.

- Wenn du dir selbst nicht vertraust, wie sollen dir dann andere Menschen vertrauen?
- Je mehr Selbstbewusstsein du hast, desto leichter kannst du dein Selbstvertrauen aufbauen.

AUFGABEN:

- Selbstbewusstsein: Fange an, täglich deine Gedanken und Verhaltensweisen schriftlich zu reflektieren.
- Selbstvertrauen: Stelle dich heute bewusst einer Situation, die dich schüchtern, nervös oder unruhig macht.

2.10 SO BLEIBST DU IN JEDER SITUATION ENTSPANNT

„Wiederholung ist die Mutter aller Fähigkeiten."
-Tony Robbins

Bist du beim Fahrradfahren nervös, beim Autofahren, beim Schuhebinden oder wenn du dich mit einem guten Freund triffst? Wohl kaum. Warum? Du hast es Tausende Male gemacht. Der einzige Weg, um in jeder Situation locker und entspannt zu bleiben, ist, es Hunderte Male gemacht zu haben. **Wiederholung und Training sind alles**! Gleichzeitig lieben Menschen jedoch Vermeidungsaktivitäten.

Was ist eine Vermeidungsaktivität? Vermeidungsaktivität ist, alles Mögliche zu machen, um sich beschäftigt zu halten und **scheinbar Fortschritte zu machen**, außer die eine Sache, welche wirklich Fortschritte bringt.

Ein Beispiel ist die Person, die unbedingt in Form kommen möchte. Anstatt viermal die Woche im Fitnessstudio zu trainieren und sich um eine ordentliche Ernährung zu kümmern, werden erst einmal fünfzig Supplements gekauft, das beste Eiweißpulver, die besten Trainingsklamotten – und alles wird auf Social Media gepostet. Kurz, es wird alles gemacht, was wie Arbeit erscheint, außer wirklich zu arbeiten. Genauso sieht es hier aus. Es ist sehr leicht, dieses Buch zu lesen, noch ein paar Videos zu schauen, einen weiteren Kurs durchzuarbeiten, mit Freunden darüber zu reden, sich tot zu reflektieren und immer über das Gelesene nachzudenken, denn all das erscheint wie Fortschritt. Der einzig wirkliche Fortschritt ist jedoch, eine Sache zu tun, die dir wirklich Ergebnisse bringt. Zum Beispiel, das hier vermittelte Wissen auch wirklich anzuwenden!

Etwas Ähnliches geschah bei der Entwicklung meines YouTube-Kanals. Bevor ich mich 2014 das erste Mal vor die Kamera gestellt habe, habe ich es ein paar Tage vor mir hergeschoben. Ich habe erst einmal eine gute Location zum Filmen gesucht, mich um eine gute Kamera gekümmert, mich für das perfekte Thema entschieden, das komplette Video vorbereitet etc. Kurzgesagt habe ich alles gemacht, außer mich vor die Kamera zu stellen. Bis ich es eines Tages einfach satt hatte und angefangen habe zu filmen. Das Ergebnis war überhaupt nicht gut. Habe ich mich deshalb fertiggemacht? Nein, ich habe es stattdessen noch einige Tausend Male mehr gemacht. Heute fühle ich mich vor der Kamera wie in meinem zweites Zuhause. Genauso wird es dir mit all deinen Zielen, all deinen Herausforderungen und all dem, was du in deinem Freundeskreis erreichen möchtest, gehen.

Abgesehen davon möchte ich dir hier noch einige Techniken mitgeben, die dich nicht nur auf jede neue Situation vorbereiten, sondern die du auch in der Situation selbst anwenden kannst, um stets einen kühlen Kopf zu behalten.

1. Werde in der Situation präsent. Wende genau das, was du beim Meditieren machst, im Alltag an. Besonders wenn du merkst, dass eine unangenehme Emotion wie Angst, Nervosität oder Unsicherheit in dir hochkommt. Werde präsent und lasse deine Gedanken ganz einfach weiterziehen. Nimm deine Gedanken nicht ernst, denn nur, wenn du einen Gedanken ernst nimmst, hat er einen emotionalen Effekt auf dich.

2. Dankbarkeit. Sei dankbar, denn Dankbarkeit ist das Gegenmittel zu den beiden Emotionen, die uns am meisten im Weg stehen: Angst und Wut. Solltest du also nervös werden, Angst fühlen oder frustriert sein, weil du noch nicht die Ergebnisse bekommst, die du gerne hättest, dann ändere deinen Fokus. Fokussiere dich auf drei bis fünf Dinge, für die du wirklich dankbar bist. Das müssen nicht unbedingt große Dinge sein, sondern es können Kleinigkeiten sein wie dass die Sonne scheint, dass du heute etwas für deine Bildung getan

hast oder dass es dein Lieblingsgericht zum Mittagessen gab.

3. Die Perspektive wechseln. Nichts ist gut oder schlecht, nur unser Denken macht es so. Genauso kannst du auch deine Sichtweise auf jede Situation verändern. Vielleicht bist du gerade in einer Situation, die dich nervös macht oder die dich verunsichert. Die meisten Menschen interpretieren das als negativ. Du kannst jedoch einfach deine Perspektive ändern: „Ah, ich bin nervös. Das heißt, ich bin nicht in meiner Komfortzone und das heißt, ich tue etwas für mein persönliches Wachstum. Cool, ich mache etwas, das die meisten Leute niemals machen würden!" Du bist immer noch in der gleichen Situation, doch du hast deine Perspektive und dadurch dein emotionales Erleben geändert.

4. Warte, bis die Emotion verschwindet. Ja, so simpel kann es manchmal sein. Wenn du nervös bist, unsicher bist, Angst hast oder nicht sicher bist, was du tun sollst, warte einfach ab. Warte ab, bis die Emotion abflacht, denn Emotionen kommen immer in Wellen. Das ist eine der einfachsten und dennoch eine der effektivsten Techniken.

5. Deine fünf Stimmen. Du bist der Durchschnitt der fünf Menschen mit denen du am meisten Zeit verbringst. Das lässt sich auch auf virtuelle Mentoren übertragen. Such dir eine Handvoll Leute heraus, zu denen du wirklich aufschaust, und dann stell dir vor, was sie dir in der Situation raten würden. So weißt du immer, was du zu tun hast.

6. Handle, bevor dein Gehirn gegensteuern kann. Hier heißt es: machen, machen, machen. Sobald wir anfangen, schneller zu handeln, als unser Kopf uns bremsen kann, kommt der Verstand mit seinen Ausreden und negativen Interpretationen der Realität nicht mehr hinterher. Halte dich also stets an die Regel, dass, wenn du etwas machen willst, etwas sagen willst oder mit einer Person reden möchtest, du es ganz einfach machst. So kommst du deinem Verstand zuvor, dem dann einfach die Zeit fehlt, sich eine Aus-

rede auszudenken, warum du es nicht machen solltest.

7. Ein State-Push. Sei es Sport, eine andere Art der Bewegung oder eine Änderung deiner Umgebung. Sorge für neue Reize und ändere deinen Zustand. Dazu passt eine Geschichte von Joshua Waitzkin. Er war schon in jungen Jahren ein enormes Schachwunder, doch bei einigen Schachturnieren hat er irgendwann gemerkt, dass er besonders in schweren Matches häufig mental gegen eine Mauer lief. Egal was er tat, er kam einfach nicht aus dieser Gedankenschleife heraus. Irgendwann hat er sich dazu entschieden, das Gebäude zu verlassen und ganz einfach zwei, drei Sprints um das Gebäude zu machen. Dadurch konnte er mit einem klaren Kopf und neuer Energie ins Schachmatch zurückzukehren. Genau das kannst du auch machen. Ändere deinen physikalischen Zustand, was deine Emotionen, und damit dein Denken und Handeln ändert. Dazu kannst du es genauso machen wie Joshua Waitzkin: Du kannst einen kleinen Sprint einlegen, ein paar Liegestütze oder Jumping Jacks machen (das musst du natürlich nicht da machen, wo andere es sehen), und dich dann mit neuer Energie der Situation stellen.

8. Sprich es offen und ehrlich an. Gerade wenn du mit Freunden unterwegs bist oder der anderen Person schon ein wenig vertraust, sag ganz einfach: „Hey, ich fühle mich gerade etwas schüchtern." Sobald du etwas laut aussprichst, hast du den inneren Druck, jetzt unbedingt entspannter sein zu müssen, aus dem Weg geräumt. Du hast es einmal angesprochen, dir selbst dadurch den größten Druck genommen und kannst dann in den meisten Fällen sogar auf den Rat der anderen Personen, gerade wenn es Freunde sind, hoffen.

ZUSAMMENFASSUNG:

- Du bist nur in Situationen nervös, die neu für dich sind. Der effektivste Weg, in jeder Lage entspannt zu bleiben, ist, es Hunderte Male zu machen.

- Tappe nicht in die Falle von Vermeidungsaktivität, sondern tue stets die eine Sache, welche auch tatsächlich Ergebnisse bringt.

AUFGABE:

- Schaue zurück in deine Vergangenheit und überlege, was für dich zuvor funktioniert hat, um deine Nervosität im Moment abzubauen. Wende das wieder für dich an! Such dir zusätzlich zwei der hier genannten Techniken heraus und wende sie diese Woche an.

2.11 DIE PERFEKTE STRATEGIE

Eine Frage, die ich sowohl auf meinem YouTube-Kanal als auch als Reaktion auf dieses Buch sehr häufig gestellt bekomme, ist: Was ist die bessere Strategie? Lieber offen und direkt auf Leute zugehen oder doch lieber ein wenig zurückhaltender, langsamer und geduldig sein?

Das ist so, als würde man fragen: Was ist die eine Sache, die man für den Erfolg braucht? Weißt du was, diese eine Sache gibt es nicht. Es gibt nicht die perfekte Strategie, es gibt nur die perfekte Strategie für deinen Persönlichkeitstyp. Das ist ein kleiner, aber wichtiger Unterschied, den ich anhand von drei Beispielen deutlich machen möchte.

Einer meiner Freunde ist extrem dreist und sehr schnell nach vorne preschend. Er ist vom Persönlichkeitstyp her fast schon wie ein Pitbull. Wenn du ihn nicht an der Leine hältst, dann wird er auf jede Person und jede Situation ohne Rücksicht auf Verluste zugehen. Schreckt er dadurch eine Menge Leute ab? Auf jeden Fall. Zieht er dadurch eine Menge Leute an? Oh ja, sicher. Auf diese Vorgehensweise reagiert natürlich ein bestimmter Typ von Mensch positiv, während ein anderer Typ von Mensch davon sehr abgestoßen wird.

Ein anderer sehr guter Freund von mir, Andreas, hat eher die Herangehensweise, offen und entspannt auf Leute zuzugehen, dann lässt er ganz locker den Dingen ihren Lauf. Er lehnt sich eher zurück und wartet in vieler Hinsicht ganz einfach ab. Alleine dadurch baut sich Vertrauen zwischen ihm und anderen Leuten auf, sodass beide sich entspannen und authentisch ausdrücken können, wodurch extrem coole Beziehungen aufgebaut werden können. Schreckt er mit dieser unbeschwerten Art manche Leute ab? Auf jeden Fall! Zieht er damit umgekehrt bestimmte Menschen sofort an? Sicher!

Zu guter Letzt möchte ich noch mich zum Beispiel nehmen. Wenn ich auf neue Leute zugehe, dann habe ich häufig eine sehr offene und direkte Art. Allerdings ist das nicht meine bevorzugte Methode. Meine bevorzugte Methode ist, neue Bekannte oder Freunde durch meine aktuellen Bekanntschaften und Freundschaften kennenzulernen. Dadurch brauche ich mir gar keine Gedanken machen, ob ich eher offen oder ein wenig zurückhaltend auf Leute zugehen muss. Ich nutze einfach den gemeinsamen Kontakt als Nährboden, wodurch wir von Anfang an eine viel offenere Haltung dem anderen gegenüber haben.

Hast du bei diesen drei Beispielen etwas bemerkt? Wahrscheinlich war dir eine Strategie von vorneherein sympathischer als eine andere. Genauso wird es auch mit anderen Leuten sein. Ich habe mit meiner Art, auf Leute zuzugehen, schon einige Menschen vergrault, weil ich vielleicht zu direkt war. Genauso habe ich auch schon Menschen vergrault, weil ich viel zu entspannt und viel zu zurückhaltend war. Du kannst dir sicher sein, dass es dem Rest meiner Freunde schon genauso gegangen ist.

Es gibt nicht die perfekte Strategie, es gibt nur die Strategie, die für dich stimmig und passend ist. Dennoch solltest du ein breites Repertoire von Herangehensweisen haben. Einerseits solltest du in der Lage sein, offen und direkt auf Leute zuzugehen. Andererseits solltest du aber auch die Fähigkeit kultivieren, dich zurückzulehnen und den Dingen ihren Lauf zu lassen.

Du solltest jede dieser Methoden im Repertoire haben, denn du wirst mit der Zeit lernen, Menschen besser zu lesen. Je besser du eine andere Person lesen kannst, desto eher merkst du auch, ob das jemand ist, mit dem du offen und direkt sein kannst oder ob du dich eher zurücklehnen und die Zeit für dich arbeiten lassen solltest. Das ist etwas, was du nur durch Erfahrung lernst. (Wir kommen in einem späteren Kapitel noch genauer auf Empathie zu sprechen.)

Achtung, Ausredenkiller! Nur, weil eine Herangehensweise dir leichter fällt als eine andere, heißt das nicht, dass du das als Ausrede benutzen solltest, die anderen Herangehensweisen nicht wenigstens auszuprobieren. Wenn es dir leichter fällt, geduldig und entspannt zu sein, dann solltest du es trotzdem einige Male üben, sehr offen, sehr direkt und vielleicht ein wenig dreist nach vorne preschend zu sein. Nur, um es einige Male gemacht zu haben und zu wissen, wie du mit dieser Situation umzugehen hast.

ZUSAMMENFASSUNG:

- Es gibt nicht die eine perfekte Strategie, es gibt nur die perfekte Strategie für dich.
- Probiere verschiedene Methoden aus, doch entferne dich niemals zu weit von dem, was für dich authentisch ist.
- Mit jeder Herangehensweise wirst du manche Leute abstoßen und manche Leute anziehen.
- Du wirst mit der Zeit lernen, Menschen zu lesen.

AUFGABE:

- Welche Herangehensweise hast du bisher immer angewendet? Welche war bisher am passendsten? Probiere nun, um ein gutes Gefühl für andere Herangehensweisen zu bekommen, einmal genau das Gegenteil aus. Wenn du eher zurückhaltend bist, dann übe es einfach einmal, sehr offen und direkt zu sein. Bist du eher der offene und direkte Typ, dann übe, dich zurückzuhalten und den Dingen ihren Lauf zu lassen.

3. Kapitel

CHARISMA UND SYMPATHIE

3.1 DIE WICHTIGSTE FÄHIGKEIT

Um charismatisch und sympathisch zu sein, gibt es eine Fähigkeit, die über allen anderen steht: **die Fähigkeit, authentisch zu sein.** Natürlich kannst du darauf achten, welche Körpersprache du benutzt, welche Mimik und Gestik du verwendest, was genau du sagst und wie du dich konkret ausdrückst. Kurz gesagt: Du kannst alles sehr durchdacht und kalkuliert angehen.

Hierbei gibt es jedoch ein Problem: Zum einen verstellst du dich damit. Das heißt, du nutzt deine größte Stärke nicht, nämlich die Einzigartigkeit deiner Persönlichkeit. Zum anderen kannst du damit vielleicht ganz gut oberflächliche Beziehungen aufbauen, allerdings wirst du so niemals echte, tiefe Freundschaften aufbauen, welche dich wirklich glücklich machen. Du bist ständig „on", denn du musst immer darauf achten, bloß nicht aus deiner Rolle zu fallen und deinem durchdachten Plan zu folgen. Das klingt ziemlich anstrengend, nicht wahr? Ist es auch! Viel einfacher ist es, dein eigenes Ding zu machen und es vollkommen authentisch durchzuziehen.

Doch lass uns erst einmal definieren, was es bedeutet, authentisch zu sein. Der Begriff „authentisch" wird heute inflationär verwendet. Authentisch sein bedeutet nichts anderes, als dass **deine Gedanken, deine Taten, deine Emotionen und deine Worte alle in dieselbe Richtung zeigen**. Das Gegenteil dieser Authentizität wäre, dass du eine Sache denkst und fühlst, sich aber in der

Außenwirkung, zum Beispiel durch deine Taten und Worten, ein komplett anderes Bild darstellt.

Das Interessante ist nun: Wir Menschen sind hochgradig sensibel dafür, ob jemand authentisch ist oder nicht. Ich bin mir sicher, du bist auch schon einmal einer Person begegnet, die du einfach nicht richtig einschätzen konntest oder bei der du das Gefühl hattest, dass irgendetwas nicht ganz stimmt. Das ist exakt das Gefühl, das wir bekommen, wenn wir einer Person gegenüberstehen, die zwar eine Sache denkt und fühlt, doch nach außen hin eine ganz andere Intention, andere Worte und andere Taten zeigt.

Für unser Ziel, echte Freundschaften und enge Beziehungen aufzubauen und damit uns glücklich machende Menschen in unser Leben zu ziehen, ist Authentizität der einzige Weg. Nur so kannst du auch **Menschen kennenlernen, die dich für dich selbst lieben.** Es ist nämlich verdammt schwer, einen Menschen so zu nehmen, wie er ist, wenn er sich anders gibt, als er ist. Wenn du dich aber authentisch verhältst, wirst du Menschen anziehen, die die Dinge, die du als Schwächen ansiehst, sogar als Stärken sehen. Menschen, die nicht auf deine Schwächen herunterblicken, wie du es bei dir selber tust, sondern diese Schwächen als wichtigen und wertvollen Teil deiner Persönlichkeit betrachten.

Ein weiterer wichtiger Aspekt ist, dass wir Menschen in unserer Umgebung dauernd „pingen". „Pingen" kommt aus der Computerwelt. Wenn zwei Computer miteinander kommunizieren, sendet der eine Computer einen Ping, ein Signal, hinaus, welches von dem anderen Computer empfangen wird, der ebenfalls einen Ping zurücksendet. Ein anderes Wort dafür wäre zum Beispiel „Resonanz". Wir suchen immer nach Resonanz von den Menschen in unserer Umgebung. Wenn die Menschen in unserer Umgebung nicht authentisch sind, dann werden wir uns mit großer Wahrscheinlichkeit auch so verhalten. Damit bist du in einer enorm großen Verantwortung. **Wenn du dich authentisch verhältst, wenn du dich authentisch gibst, dann gibst du den Leuten in deiner Umgebung die Erlaubnis, auch authentisch zu sein.** Es gibt ihnen das Gefühl, endlich ihre Maske ablegen zu können und sie selbst zu sein. Es ist schön, so einen Moment zu erleben, in dem jemand, mit dem du Zeit verbringst, endlich seine Maske fallen lassen kann, wobei ihm diese riesige Last von den Schultern fällt.

Leider ist gerade in der heutigen Welt Authentizität sehr rar, denn viele Leute fokussieren sich darauf, einen guten Eindruck zu machen, bloß niemandem auf die Füße zu treten und ja niemanden zu verletzen. Doch damit erreichst du genau das Gegenteil von dem, was du eigentlich erreichen willst, nämlich charismatischer und sympathischer zu sein.

Charisma ist nichts anderes als Polarisierung. Wenn jemand stets auf seinen eigenen Eindruck achtet und nicht darauf, seiner Persönlichkeit freien Lauf zu lassen, dann wird ihn dafür niemand lieben, aber auch niemand hassen. Wenn du dich hingegen authentisch ausdrückst, wirst du einer ganzen Menge Leute damit auf die Füße treten und eine Menge Leute werden dich nicht mögen. Darauf sollte aber gar nicht unser Fokus liegen, denn je mehr dich bestimmte Menschen nicht mögen, desto mehr lieben dich andere Menschen. Genau daher ist Authentizität der einfachste Weg, um wirklich die Menschen in dein Leben zu ziehen, mit denen du nicht nur Spaß hast, sondern die dich in deinem Leben wirklich erfüllen. Echte Freunde eben!

Authentizität ist auch der Grund, warum Komplimente funktionieren. Hast du dir schon einmal überlegt, wo der Unterschied zwischen Schmeichelei und ehrlicher Anerkennung ist? Es ist Authentizität. Wenn jemand nur Komplimente gibt, um bei der anderen Person gut anzukommen, dann kategorisieren wir das berechtigterweise als Schmeichelei. „Boah, der schleimt sich ja bei dem anderem richtig rein, wie viel Honig der ihm um den Bart schmiert ..." Bei Authentizität kommen die Komplimente dagegen wirklich von Herzen. Den Unterschied macht dabei die Emotionalität. Wir Menschen spüren das unterbewusst sehr stark. Zudem sind authentische Komplimente sehr viel genauer. Während jemand, der sich einschleimen möchte, sich darauf fokussiert, dem anderen zu sagen, wie toll er ist, wird jemand, der authentische Anerkennung gibt, sich auf Kleinigkeiten, wie zum Beispiel eine bestimmte Charaktereigenschaft, ein bestimmtes Merkmal oder eine konkrete Handlung der anderen Person konzentrieren.

Jetzt fragst du dich vielleicht, wie du es schaffen kannst, authentischer zu werden. **Authentisch sein ist keine Wissenschaft, sondern eine Kunst.** Genauso solltest du es auch sehen. Sieh es nicht als strikte Aufzählung von Regeln, denen du folgen musst, sondern lerne, dich an das Gefühl, authentisch zu sein, zu gewöhnen. Es ist tatsächlich weniger ein Gedanke, den du hast, sondern eher ein Gefühl. Bin ich gerade authentisch oder nicht? Drücke ich gerade meine Persönlichkeit aus oder verstelle ich mich? Diese Fähigkeit, auf dein Gefühl zu hören, wann du authentisch bist oder nicht, bekommst du, indem du dich schrittweise traust, dich ehrlicher auszudrücken. Wenn du also das nächste Mal merkst, dass du darauf achtest, einen guten Eindruck zu machen oder dass du ein bestimmtes Image nach außen projizieren möchtest, dann ertappe dich dabei und gehe stattdessen einen kleinen Schritt in Richtung Wahrhaftigkeit.

Achtung: Dabei solltest du keine riesigen Sprünge machen. **Begib dich jeden Tag einen kleinen Schritt in Richtung Authentizität. Ehe du dich versiehst, fällt es dir leichter und leichter.**

Dies ist die wichtigste Grundlage für alle deine Beziehungen. Wenn du es nicht schaffst, authentisch zu sein, dann ziehst du auch Menschen an, die genauso wenig authentisch sind. Glaubst du, jemand, der sehr viel Wert darauf legt, sich authentisch und ehrlich auszudrücken, wird mit jemandem Zeit verbringen, der diesen Ansatz nicht lebt? Wohl kaum, oder? Von daher gehe jeden Tag einen bewussten kleinen Schritt in Richtung authentischer Ausdruck und schon bald wirst du dich fragen, warum du jemals etwas anderes gemacht hast.

ZUSAMMENFASSUNG:

- Authentizität: Gedanken, Taten, Emotionen und Worte zeigen in die gleiche Richtung.
- Für den Aufbau echter Freundschaften musst du authentisch sein.
- Du gibst den Leuten in deiner Umgebung damit die Erlaubnis, ebenfalls authentisch zu sein.
- Je authentischer du bist, desto eher ziehst du die Menschen an, die zu dir passen, und stößt die Menschen ab, die nicht zu dir passen.
- Authentisch zu sein ist keine Wissenschaft, sondern eine Kunst.

AUFGABEN:

Beantworte bitte folgende Fragen schriftlich:

- In welchen Situationen fällt es dir schwer, authentisch zu sein?
- Warum fällt es dir dabei schwer, authentisch zu sein?

Traue dich ab sofort, dich täglich ein wenig mehr auszudrücken. Besonders in den Situationen, in denen es dir schwerfällt. Gehe jeden Tag einen Schritt und fange HEUTE damit an.

3.2 DIE ZWEITWICHTIGSTE FÄHIGKEIT

Neben Authentizität gibt es noch eine zweite Fähigkeit, welche sich den Platz einer der wichtigsten Fähigkeiten teilt. **Es ist die Empathie.**

Es ist prima, wenn du dich authentisch ausdrücken kannst, doch es geht nicht nur darum, dass du dich frei ausdrückst, sondern du musst es auch für die andere Person verständlich machen. Viele, die zum ersten Mal davon hören, sich authentisch und wirklich ehrlich auszudrücken, fangen an, nicht mehr MIT anderen Menschen zu reden, sondern einfach auf die andere Person einzureden. Sie fokussieren sich so darauf, nur noch ihre Persönlichkeit herauszulassen und das zu sagen, was sie denken und fühlen, dass sie vollkommen den Bezug zu ihren Mitmenschen verlieren. Dadurch kannst du dich noch so sehr ausdrücken, die andere Person wird dich nicht verstehen. Fokussiere dich also nicht nur darauf, dich auszudrücken, sondern achte ebenfalls darauf, die andere Person zu verstehen.

Dabei ist es extrem wichtig, dass du es lernst Menschen zu lesen. Das ist einfacher, als du denkst. Übe ganz einfach, dich aktiv in die Situation der anderen Person hineinzuversetzen. Wenn du mit Freunden, Bekannten, Arbeitskollegen oder mit neuen Menschen, die du gerade kennenlernst, redest, verlasse mit deinem Fokus deine eigene Weltsicht, und versuche, dich ganz bewusst in den Kopf der anderen Person zu versetzen.

- Was denkt sie gerade?
- Welche Emotionen fühlt sie?
- Wo liegt gerade ihr Fokus?
- Warum spricht sie ausgerechnet dieses Thema an?
- Welche Sorgen hat sie?
- Wie fühlt sie sich gerade mit mir?

Dieser bewusste Perspektivwechsel ist ebenfalls eine Fähigkeit, die nichts Neues ist. Wir Menschen sind damit geboren, haben nur häufig unseren Kontakt zu ihr verloren. Das Ganze hat sogar eine wissenschaftliche Basis. Wir Menschen haben etwas, das sich Spiegelneuronen nennt. Spiegelneuronen machen im Endeffekt nichts anderes, als die Gefühlslage und das, was in anderen Menschen vorgeht, zu spiegeln. Wir können uns darauf fokussieren, diese Fähigkeit besser zu nutzen. Ein kleines Beispiel, um das zu verdeutlichen:

Nehmen wir an, wir gehen zurück zu den Zeiten der Höhlenmenschen und du stehst gerade mit deinem Rücken zum Waldrand. Dir gegenüber steht ein anderer Höhlenmensch aus deinem Stamm. Du blickst ihm ins Gesicht und merkst plötzlich, dass er furchtbar erschrickt. Ohne auch nur eine Sekunde nachzudenken oder dich gar umzudrehen, spürst du die gleiche Emotion durch deinen Körper fahren. Was er genau hinter dir erblickt hat – einen Säbelzahntiger oder jemanden von einem feindlichen Stamm – das spielt absolut keine Rolle. **Deine Emotionen und dein Nervensystem wissen sofort, dass hier etwas nicht stimmt, und du setzt dich in Bewegung**. Das ist nichts, worüber du rational nachdenken müsstest, sondern es passiert in Millisekunden auf emotionaler Ebene. Genau das ist die Aufgabe der Spiegelneuronen. Diese Fähigkeit können wir wunderbar im Alltag nutzen, um uns in die emotionale Welt anderer Menschen zu versetzen. Nur wenn wir das können, dann können wir es überhaupt schaffen, mit einer Person eine enge Freundschaft aufzubauen, denn wie willst du eine enge Freundschaft mit jemandem aufbauen, wenn du ihn emotional gar nicht verstehst?

Es gibt etwas, das uns Menschen von der notwendigen Empathie abhält. Es ist das Urteilen. Sobald du über eine Person urteilst, heißt es, dass du dich ihr gegenüber verschließt. Sich gegenüber einer Person zu verschließen ist das Gegenteil einer echten und ehrlichen Beziehung. Ertappe dich also dabei, wenn du anfängst über die andere Person zu urteilen und sie damit in eine bestimmte Schublade zu stecken. Je mehr du sie in eine Schublade steckst, desto weniger Empathie legst du an den Tag und desto weniger kannst du die andere Person verstehen. Du hörst auf, mit ihr zu reden und fängst an, auf sie einzureden. Je mehr Empathie du an den Tag legst, desto leichter wird es dir fallen, dich selber gegenüber dem anderen Menschen auszudrücken.

Versuche immer, zuerst die andere Person zu verstehen und dann von ihr verstanden zu werden. Wenn du dich zuerst darauf konzentrierst, verstanden zu werden, ohne jedoch die andere Person zu verstehen, dann rennst du vielleicht ständig gegen eine Wand, welche die Vertiefung eurer Beziehung verhindert. Dadurch lernst du auch sehr schnell, dass es Menschen gibt, die anders ticken und eine andere Weltsicht haben als du. **Das größte Unglück ist, dass jeder denkt, der Andere ist genauso wie er, und dabei übersieht, dass das nicht so ist.** Je mehr wir die Perspektive der anderen Person verstehen, desto eher haben wir ein stabiles Fundament für eine ehrliche Beziehung.

ZUSAMMENFASSUNG:

- Es reicht nicht, dich authentisch auszudrücken, du musst dich für die andere Person auch verständlich machen.
- Versuche erst zu verstehen, dann verstanden zu werden.
- Urteilen heißt, sich verschließen, und sich verschließen ist das Gegenteil einer vertrauten Beziehung.

AUFGABEN:

Jetzt wird es Zeit für dich, in die emotionale Welt anderer Menschen einzutauchen. Fokussiere dich heute bei drei Gesprächen mit Freunden oder Bekannten darauf, dich aktiv in ihre Gefühlswelt hineinzuversetzen. Versuche, dabei vollkommen in ihrer Gefühlswelt aufzugehen. Folgende Fragen helfen dir dabei:

- Was fühlen sie gerade?
- Wie fühlen sie sich mit mir?

- Was geht ihnen durch den Kopf?
- Worauf fokussieren sie sich?
- Wie nehmen sich mich wahr?

3.3 AUSDRUCK STATT EINDRUCK

In diesem Kapitel möchte ich mit dir mein wohl liebstes Zitat besprechen: **Ausdruck statt Eindruck.** Die meisten Leute konzentrieren sich stets darauf, einen guten Eindruck zu machen. Ich will dich heute genau vom Gegenteil überzeugen. **Mache keinen guten Eindruck!** Fokussiere dich nicht darauf, einen guten Eindruck zu machen, sondern **darauf, deine Persönlichkeit auszudrücken.** Denk doch einmal an ein paar charismatische Persönlichkeiten, die du sympathisch findest. Was zieht dich an diesen Menschen so an? Dass sie so kalkuliert sind, dass sie so eine starke Maske aufsetzen? Nein. Es ist, dass sie den Mut haben, sich vollkommen authentisch auszudrücken. Dass sie sich frei ausdrücken, anstatt ständig bemüht zu sein, einen guten Eindruck zu machen. Dabei nehmen Sie bewusst in Kauf, auch einige Menschen abzustoßen.

Ist dir aufgefallen, dass ich bereits häufig den Begriff „Mut" genutzt habe? Es braucht verdammt viel Mut, hundertprozentige Verantwortung für deinen Freundeskreis und für dein Leben zu übernehmen. Besonders braucht es Mut, sich auszudrücken, während nicht nur so viele Menschen versuchen, dich davon abzuhalten, sondern sogar dein eigener Verstand. Er will ja nur dafür sorgen, dass du überlebst und nicht, dass du glücklich wirst. Doch der einzige Weg, um du wirklich glückliche und authentische Freundschaften zu haben, ist dich auszudrücken.

Kommen wir also zu der Frage „Wie schaffe ich es, mich auszudrücken?". Lass uns dabei erst einmal zur Wurzel vordringen. Was ist der Grundgedanke dahinter, dass sich die meisten Leute auf ihren Eindruck statt auf ihren Ausdruck fokussieren? Der Grundgedanke ist „Wenn ich mich ausdrücke, dann mag die Person mich unter Umständen nicht. Daher mache ich besser alles, um einen guten Eindruck zu erzeugen". Merkst du was? Das kann auf Dauer nicht gut gehen, denn langfristig wird das niemals zu echten und erfüllenden Beziehungen führen. Das heißt, dieser Gedanke muss weg! Selbst wenn der Ansatz, stets einen guten Eindruck zu machen, eine ganze Zeit lang gut geht, früher oder später wird die Maske fallen. Das wahre Ich kommt immer durch. Egal, wie viele Methoden und Techniken du studierst, um eine bestimmte Persönlichkeit nach außen darzustellen, irgendwann wird immer das wahre Ich durchkommen. Sei es, dass du einmal die Geduld verlierst oder dass sich eine unmaskierte Gefühlsregung in deinem Gesicht zeigt. Wir Menschen haben dafür ein enorm sensibles Gespür. Früher oder später wird deine Maske immer fallen. Das ist sogar eine enorm befreiende Botschaft, denn das heißt, du brauchst keine Tricks und keine Methoden mehr, du brauchst keine Techniken und unglaublich aufwendigen Strategien. Du brauchst nur eine einzige Sache: **deine Persönlichkeit**. Das Schöne daran ist, diese Persönlichkeit hast du schon.

Die Welt braucht nicht noch mehr gefallsüchtige People-Pleaser oder kalkulierte Persönlichkeiten. Die Welt braucht Leute, die lebendig sind. Lebendig bist du erst, wenn du dich ausdrückst, anstatt immer einen guten Eindruck machen zu wollen. Anstatt einen guten Eindruck machen zu wollen, werde eine eindrucksvolle Persönlichkeit. Dann kommen die richtigen Leute ganz automatisch zu dir.

Dein Freundeskreis ist nichts anderes als eine Spiegelung deiner Persönlichkeit. **Daher solltest du dir nicht nur deinen Freundeskreis anschauen, sondern dein ganzes Leben**. Wenn du den ganzen Tag zu Hause sitzt, World of Warcraft spielst und nichts Spannendes in deinem Leben passiert, dann drückt du deine Persönlichkeit sehr sparsam aus. Hast du schon ein Leben, das dich wirklich glücklich macht? Das dich wirklich lebendig macht? Das dich erfüllt und jeden Tag deine Leidenschaft neu erweckt? Wenn ja, dann sollte es auch kein großes Problem für dich sein, deine Persönlichkeit auszudrücken. Du bist ja schon ein ganzes Stück lebendig.

Wenn du dich dagegen noch nicht glücklich, erfüllt und leidenschaftlich fühlst, dann baue dir ein Leben auf, das dich erfüllt, dich glücklich macht und dafür sorgt, dass du mit mehr Leidenschaft durch den Tag gehst. Das heißt nicht, dass du Fallschirmspringer, Bergsteiger oder Rockstar werden musst. Nein, arbeite auf eine Vision hin, die dich glücklich macht.

ZUSAMMENFASSUNG:

- Ausdruck statt Eindruck.
- Früher oder später wird die Maske fallen, das wahre Ich kommt immer durch.
- Charismatische Menschen haben den Mut, ihre Persönlichkeit auszudrücken.
- Versuche nicht, einen guten Eindruck zu machen, werde eindrucksvoll.
- Baue dir ein Leben auf, das dich lebendig und ausdrucksstark macht.

AUFGABE:

- Damit du dieses Konzept auch in deinen Alltag integrierst, möchte ich, dass du für die nächsten zwei Tage ganz bewusst darauf achtest, ob du gerade wieder in Falle tappst, einen guten Eindruck machen zu wollen, oder ob du dabei bist, deine Persönlichkeit authentisch auszudrücken. Achtsamkeit ist und bleibt das beste Werkzeug für Veränderung. Wenn du dich dabei ertappst, Eindruck machen zu wollen, dann unterbrich diesen Gedanken und stelle dir die Frage „Wie kann ich in der jetzigen Situation meine Persönlichkeit so gut wie möglich ausdrücken?"

3.4 DAS GESETZ DER EMOTIONSÜBERTRAGUNG

Das Gesetz der Emotionsübertragung ist die Grundlage dafür, warum es vollkommen egal ist, worüber du redest. Sei es im Smalltalk, sei es mit einer Person, die du gerade erst kennenlernst, sei es mit einem Bekannten oder mit einem guten Freund, die Worte sind fast nie das Entscheidende. Was besagt das Gesetz der Emotionsübertragung? Es bedeutet nichts anderes, als dass das, was du fühlst, auch der andere Mensch fühlt. Oder andersherum: Du fühlst, was die andere Person fühlt. Lass mich das mit einem ganz simplen Beispiel erklären.

Hast du schon einmal neben einer gestressten Person gestanden und – ohne auch nur ein Wort zu wechseln – gemerkt, dass sie enorm gestresst ist? Vielleicht hat dich ihr Stress sogar angesteckt und plötzlich hast du selbst gefühlt, dass du unruhig wurdest. Oder hast du schon einmal eine Person kennengelernt, welche unglaublich gestrahlt und dich innerhalb weniger Sekunden mit dieser Laune angesteckt hat? Bestimmt, oder? Das ist das Gesetz der Emotionsübertragung in Aktion. Wir Menschen achten sehr wenig auf die Worte, auch wenn wir immer wieder denken, dass wir das tun, sondern wir achten viel mehr auf die Emotionen. Das Schöne daran ist, es klärt ein für alle Mal die Frage, welche mir so häufig wie keine andere gestellt wurde: „Worüber soll ich reden?" Es ist vollkommen egal, worüber du redest. Das meiste läuft sowieso über Emotionen. Auf das, was du sagst, wird oft erst geachtet, wenn ihr keine gute emotionale Verbindung habt. Daher fokussiere dich auf die Emotionen. Ein schöner Leitsatz, um dieses Konzept im Kopf zu behalten, ist: **Es spielt keine Rolle, über was du redest, sondern wie du darüber redest.**

Wenn du dich auf das Wie fokussierst, kannst du jedes Thema spannend oder langweilig machen. Bestimmt hattest du auch schon einmal einen Lehrer in der Schule, der Universität oder in einer Fortbildung, der ein Thema, das dich anfangs überhaupt nicht interessiert hat, plötzlich total spannend gemacht hat. Nur durch die Art und Weise, wie er davon erzählt hat. Sicher hast du auch schon das genaue Gegenteil erlebt: einen Lehrer, der ein Thema, das dir eigentlich am Herzen liegt, so temperamentlos unterrichtet hat, dass du vor Langeweile fast ins Koma gefallen bist.

Ein weiterer wichtiger Leitsatz, ist, dass Leute sich nicht daran erinnern, über was ihr geredet habt, sondern **wie sie sich in deiner Anwesenheit gefühlt haben**. Kannst du dich noch genau daran erinnern, worüber du letzte Woche mit einem guten Freund gesprochen hast? Kannst du dich noch daran erinnern, was eure ersten Worte waren, als ihr euch kennengelernt habt? Weißt du noch ganz genau, was du letzte Woche mit deinem Arbeitskollegen gesprochen hast? Wahrscheinlich nicht. Woran du dich aber ganz sicher erinnern kannst, ist, wie du dich in der Anwesenheit dieser Person gefühlt hast. Genauso geht es jedem anderen Menschen. Fokussiere dich also nicht auf das Was, sondern wie du dich dabei fühlst. Je besser du dich fühlst, mit je mehr Emotionen du dich ausdrückst, desto besser fühlt sich auch die andere Person in deiner Anwesenheit.

Kommen wir damit zu einer Frage, welche dir jetzt vielleicht schon durch den Kopf gegangen ist. „Was, wenn ich mich nicht gut fühle? Wie schaffe ich es dann, das Gesetz der Emotionsübertragung für mich zu nutzen?" In diesem Fall gibt es zwei Möglichkeiten:

1. **Ändere deinen emotionalen Zustand.** Eigentlich recht offensichtlich, nicht wahr? Dazu habe ich dir schon einige Methoden mitgegeben. Mach zum Beispiel einen State-Push, ändere deine Perspektive oder fokussiere dich auf Dankbarkeit. Sorge dafür, dass sich deine Emotionen ändern, denn dann ändert sich deine komplette Ausstrahlung und das Gesetz der Emotionsübertragung ist auf deiner Seite.

2. **Drücke dich radikal ehrlich und authentisch aus.** Wenn du schon nicht mit positiven Emotionen und einer tollen Aus-

strahlung glänzen kannst, dann kannst du der gegenüberstehenden Person zumindest eine Sache geben, die in der heutigen Welt enorm rar ist. Nämlich Ehrlichkeit. Drücke es ganz ehrlich aus, dass du dich gerade nicht so gut fühlst, dass du nervös bist, dass die Situation ungewohnt ist und du nicht weißt, was du sagen sollst oder was auch immer dich gerade daran hindert, besser gelaunt zu sein.

ZUSAMMENFASSUNG:

- Was du fühlst, das fühlt auch dein Gegenüber.
- Es kommt nicht darauf an, über was du redest, sondern wie du darüber redest.
- Menschen erinnern sich nicht daran, worüber ihr geredet habt, sondern wie sie sich in deiner Anwesenheit gefühlt haben.
- Wenn du dich nicht gut fühlst, ändere deinen emotionalen Zustand oder drücke dich ehrlich und authentisch aus.

AUFGABE:

- Deine Aufgabe für den heutigen Tag: Ändere deinen Fokus vom Was hin zum Wie. Mache dir in keiner Interaktion, die du heute mit anderen Menschen hast, Gedanken darüber, über was du redest oder was genau du machen sollst, sondern achte nur auf das Wie. Fokussiere dich auf deinen emotionalen Zustand und lasse das Gesetz der Emotionsübertragung für dich arbeiten.

3.5 WAS DU UNBEDINGT VERMEIDEN MUSST

Wenn du echte und authentische Beziehungen aufbauen möchtest, dann gibt es eine Sache, die du **unbedingt vermeiden musst: Bedürftigkeit**. In Beziehungen ist für uns Menschen nichts abstoßender als Bedürftigkeit und Verzweiflung. Erwecke nicht den Eindruck, dass du etwas unbedingt brauchst. Hinterlasse nicht den Eindruck, dass du unbedingt gut ankommen möchtest, dass du es brauchst, dass die andere Person dich jetzt mag und du eine gute Reaktion von der anderen Person bekommst. Lass mich das an zwei Beispielen verdeutlichen:

- Bist du schon einmal an einen Verkäufer geraten, der dir unbedingt etwas verkaufen wollte? Er hat nicht lockergelassen und er hat geradezu verzweifelt gewirkt. Wie hast du dich dabei gefühlt? Hast du dich dabei locker und entspannt gefühlt und wolltest länger bei der Person bleiben, oder wolltest du sofort das Weite suchen?

- Wollte schon einmal ein Mann oder eine Frau unbedingt etwas von dir, und zwar mit einer gewissen Verzweiflung und Bedürftigkeit? Hat es dich angezogen oder abgestoßen? Vermutlich eher Letzteres, denn diese Bedürftigkeit und Verzweiflung, dass eine Person unbedingt etwas braucht, stößt uns in der Regel emotional ab.

Sobald wir das Gefühl haben, dass wir etwas nicht haben können oder dass die andere Person sich zwar freuen würde, es ihr aber vollkommen egal ist, ob jetzt eine Beziehung daraus entsteht oder nicht, wird sofort unser Interesse geweckt. Es ist der gleiche Grund, warum du, sobald du in einer Beziehung bist, das Gefühl hast, dass jeder vom anderen Geschlecht plötzlich etwas von dir will und du dich fragst, wo die alle waren, als du noch Single warst.

Menschen wollen das, was sie nicht haben können. Sobald du ausstrahlst, dass du etwas unbedingt brauchst, merkt die andere Person, dass sie dich leicht haben kann, und das stößt viele Menschen ab.

Achtung! Das heißt nicht, dass du jetzt eine Dramaqueen werden sollst, die so tut, als wäre sie schwer zu haben. Nein, so funktioniert das nicht. Fange auf gar keinen Fall an, dumme Spielchen zu spielen und der anderen Person etwas vorzumachen. Du kannst diese Einstellung nicht „faken". Das wahre Ich wird immer durchkommen.

Das Ganze geht auf ein Mindset, eine Denkweise zurück: „Ich will es, aber ich brauche es nicht." Eine Sache, die wir sehr häufig vergessen. Mache dir tagtäglich klar, dass du neue Bekanntschaften schließen willst, dass du neue Freunde finden und enge Beziehungen aufbauen willst. **Dass du es unbedingt willst, doch dass du es jetzt absolut nicht brauchst.** Je nachdem, wie deine Lebenssituation aktuell aussieht, fällt dir das vielleicht schwerer oder leichter. Aber sobald du erste Ergebnisse siehst, das heißt, wenn du gute Freunde oder gute Bekannte hast, dann wird es dir sehr leicht fallen, dieses Mindset zu verinnerlichen. Je mehr positive Ergebnisse du erzielst, desto authentischer und natürlicher wird dieses Mindset für dich.

Stell dir einmal vor, du hast es geschafft, deinen Traumfreundeskreis zu haben. Würde es dich dann wirklich treffen, wenn eine Person dich nicht mag? Wahrscheinlich nicht, oder?

Verinnerliche Folgendes: **Sei der Engagierteste und gleichzeitig der Entspannteste.** Was im Endeffekt nichts anderes heißt, als dass du es zwar mit jeder Faser deines Seins willst, es dir aber gleichzeitig vollkommen egal ist, welches Ergebnis du bekommst. Das erscheint auf den ersten Blick sehr widersprüchlich, nicht wahr? Doch genau das ist eine der wichtigsten Fähigkeiten, die du entwickeln kannst. Alle erfolgreichen Menschen haben die Fähigkeit, zwei konträre Mindsets oder Perspektiven gleichzeitig in ihrem Kopf aufrechtzuerhalten. Sie fürchten sich nicht vor der kognitiven Dissonanz, die aus (scheinbar) widersprüchlichen Perspektiven resultiert. Entwickele auch du diese Fähigkeit, mache dir jeden Tag klar, dass du es mit jeder Faser deines Seins willst, doch dass es dir gleichzeitig vollkommen egal ist, ob du das Ziel erreichst oder nicht.

ZUSAMMENFASSUNG:

- Bedürftigkeit und Verzweiflung stoßen die meisten Leute ab.
- Ich will es, aber ich brauche es nicht" ist dein neues Mindset.
- Lerne, konträre Sichtweisen im Kopf gleichzeitig aufrechtzuerhalten und die damit verbundene kognitive Dissonanz auszuhalten.

3.6 DAS SOZIALE UND DAS RATIONALE GEHIRN

Tatsächlich, unser Gehirn hat nicht nur einen Modus, sondern gleich zwei: den rationalen und den sozialen Modus. Der soziale Modus wird vom Psychologen Matthew Lieberman gerne als Default-Mode bezeichnet. Wie du ihn für dich nutzt und was der Unterschied zwischen diesen beiden Modi ist, darauf werde ich jetzt eingehen.

Hattest du schon einmal die Situation, dass du auf eine Party gegangen bist oder sonst irgendwohin, wo eine große Gruppe von Menschen war, und irgendwie hast du dich ein wenig „eingefroren" gefühlt, fast schon steif. Du kamst nicht richtig aus deinem Kopf hinaus und wusstest nicht wirklich, was du sagen sollst. An anderen Tagen hingegen warst du von Anfang an super entspannt, völlig locker, bist mit jedem ins Gespräch gekommen und hattest keinerlei Probleme, einen Witz nach dem anderen zu reißen. Woran liegt das, dass wir manchmal in einem so offenen und manchmal in so einem zurückhaltenden Modus sind? Genau an dieser Stelle kommen der soziale und der rationale Modus ins Spiel.

Wenn du im sozialen Modus bist, erreichst du eine Art sozialen Flow-Zustand. Jegliche Interaktion mit anderen Menschen fällt dir extrem leicht und macht sogar sehr viel Spaß.

Das Problem dabei ist, dass der rationale und der soziale Modus sich gegenseitig ausschalten. Stell dir vor, du sitzt den ganzen Tag zu Hause vor dem Laptop und erledigst schwere Gedankenarbeit. Wenn du dich danach in eine Menschenmenge begibst, wirst du wahrscheinlich erst einmal eine ganze Zeit brauchen, um warm zu werden. Oder andersherum: Du warst vielleicht eine ganze Zeit lang mit Freunden unterwegs und bist in einer super extrovertierten und spaßigen Stimmung, doch plötzlich setzt dir jemand eine extrem schwierige Matheaufgabe vor. Du wirst wahrscheinlich ein paar Minuten brauchen, um aus dem sozialen in den rationalen Modus zu kommen.

Wie du siehst, schalten sich beide gegenseitig aus. Je mehr der rationale Modus aktiv ist, desto weniger ist der soziale aktiv – und umgekehrt.

Sobald der soziale Modus wach ist, machst du viele Dinge, die hier im Buch empfohlen werden, automatisch. Du hast sie einmal rational gelernt und wendest sie dann intuitiv an. Wie können wir es also schaffen, den sozialen Modus auf Kommando aufzuwecken? Der beste Methode dafür ist, Momentum zu sammeln.

Was genau ist Momentum? Stell es dir folgendermaßen vor: Du stehst vor einem großen schweren Stein und du möchtest ihn ins Rollen bringen. Wahrscheinlich wirst du am Anfang enorme Energie aufwenden müssen, um ihn auch nur einen Millimeter zu bewegen. Doch du drückst und drückst, auch wenn es am Anfang sehr schwer ist. Plötzlich bewegt sich der Stein ein bisschen. Dann ein bisschen mehr, dann noch ein bisschen mehr. Je mehr Schwung dieser rollende Stein aufbaut, desto leichter ist es, ihn noch schneller zu machen oder ihn in Bewegung zu halten. Während du anfangs noch sehr viel Energie brauchtest, wird es mit der Zeit einfacher und einfacher. Genauso kannst du es dir vorstellen, soziales Momentum aufzubauen. Du fängst mit kleinen Schritten an, die nach und nach größer und größer werden. Anfangs wird es dir wahrscheinlich ein wenig schwerfallen, doch mit der Zeit wird es sehr viel leichter und du wirst sogar Spaß daran finden. Dein einziges Ziel dabei sollte es sein, dass du anfängst, deinen Mund zu bewegen. Dass du anfängst zu reden, ganz egal über was. Ich vergleiche das gerne mit einem alten VW-Bus, der wahrscheinlich ordentliche Startschwierigkeiten hat. Es wird schwierig sein, ihn zum Laufen zu bekommen. Zuerst stottert der Motor und du würgst ihn ab. Du musst vielleicht auf die eine oder andere Weise nachhelfen, um das Gefährt in Bewegung zu bringen. Doch sobald er einmal läuft, kann er dich auf einen Roadtrip durch ganz Europa mitnehmen!

Damit das Ganze für dich noch konkreter wird, möchte ich dir noch einmal eine Geschichte aus meinem Leben erzählen. Sie wird dir klarer machen, wie du das soziale Momentum Schritt für Schritt aufbauen kannst.

Zu meiner Zeit an der Uni war ich in einer von vielen Klausurphasen und saß teilweise acht Stunden am Tag vor dem Computer, um zu lernen. Einer dieser Tage war ein Freitag, an dem ich abends auf eine Party eingeladen war. Ich sollte um halb zehn da sein und machte mich gegen halb neun Uhr langsam auf den Weg. Natürlich war ich vollkommen in einem rationalen Modus und hatte keinerlei Interesse, mich mit Leuten zu unterhalten. Ja, ich hatte nicht einmal Lust, auf die Party zu gehen, weil ich einfach zu sehr in meinem Kopf gefangen war. Kennst du so etwas? Du weißt, dass es dir gut gehen wird, wenn du einmal dort bist, wenn du eine Zeit lang unter Menschen bist, doch irgendetwas in dir will dich zurückhalten. Genauso habe ich mich auch gefühlt. Also habe ich mir gedacht: „Fokussiere dich einfach darauf, Momentum aufzubauen. Du musst keine großen Schritte machen, mach simple kleine Schritte." Also war mein einziges Ziel, soziales Momentum aufzubauen. Ich habe das Haus verlassen, und was habe ich zuerst gemacht? Erst einmal mit ein paar Leuten auf WhatsApp geschrieben. Ein ziemlich kleiner Schritt, um Momentum aufzubauen, nicht wahr? Doch alleine dieser Schritt reichte schon als Anstoß. Wir haben also bei WhatsApp lustig hin- und hergeschrieben. Mir wurden ein paar Jokes und Memos geschickt und plötzlich – sieh mal einer an – kam der ein oder andere Lacher aus mir heraus. Ein paar Minuten später entschied ich mich noch, einen Freund anzurufen. Wir haben auf meinem Weg zur Party rund zehn Minuten telefoniert. So fing ich schon vor der Party an, ein wenig aus meinem Kopf und dem rationalen Modus herauszukommen. Oder anders gesagt, ich habe mich darauf fokussiert, den rationalen Modus abzuschalten, um den sozialen Modus zu wecken. Dazu braucht es also nicht viel. Es reicht, dich mit Menschen zu umgeben oder dich auf das Zusammentreffen mit Menschen vorzubereiten.

Dank WhatsApp und Anruf kam ich bei der Party schon ein wenig aufgewärmt an. Auf der Party selbst fing ich dann natürlich an, erst einmal nach Leuten zu suchen, die ich kannte. Ich entdeckte ein paar Freunde, habe mich zu ihnen gestellt und angefangen, mich ein wenig mit ihnen zu unterhalten. Witze wurden gerissen, ein paar lockere Sprüche gemacht und siehe da, mehr und mehr kam ich aus mir heraus. Überraschend schnell hat sich mein Kopf abgeschaltet, mein Verstand wurde ruhiger und schnell fand ich Spaß daran, mit anderen Leuten zu scherzen. Als nächstes ging ich auf einige neue Leute zu, um Schritt für Schritt aus meiner Komfortzone herauszukommen und auch ein paar neue Kontakte zu knüpfen. Diesen Prozess der kleinen Schritte verfolgte ich für eine weitere Stunde. Was glaubst du, was passierte? Ganz genau, innerhalb kurzer Zeit war mein rationaler Modus komplett ausgeschaltet und ich war vollständig im sozialen Modus. Was am Ende dazu führte, dass ich eine verdammt gute Zeit hatte – und natürlich auch ein paar coole Bekanntschaften gemacht habe.

Diese kleinen Schritte, dieser Prozess, Momentum aufzubauen, deinen rationalen Modus auszuschalten und den sozialen Modus einzuschalten, solltest du jedes Mal nutzen, wenn du dich unter Leute begibst. Je mehr dein Kopf aktiv ist, desto weniger kannst du deine Persönlichkeit ausdrücken und wirklich „du selbst" sein. Je mehr der soziale Modus aktiv ist, je mehr Momentum du gesammelt hast, desto entspannter bist du, desto lockerer wirst du und desto besser kannst du dich und deine Persönlichkeit ausdrücken.

ZUSAMMENFASSUNG:

- Wir haben zwei Modi: Den rationalen Modus und den sozialen Modus. Beide schalten sich gegenseitig aus.
- Mach keine großen Sprünge, sondern nutze bewusst kleine Schritte, um den sozialen Modus wachzurütteln.
- Fokussiere dich dabei nur darauf, Momentum aufzubauen.

- Nutze diesen Prozess jedes Mal, wenn du dich unter Menschen begibst. Mach dir dabei keinen Druck, sondern vertraue darauf, dass du mit der Zeit entspannter wirst.

AUFGABE:

- Gehe diese Woche auf eine Party, ein Seminar oder ein anderes Event, wo du einer großen Gruppe von Leuten begegnen wirst und übe den Aufbauprozess von sozialem Momentum in der Praxis. Je häufiger du dies machst, desto einfacher wird es und desto schneller kannst du deinen rationalen Modus ab- und den sozialen anschalten.

3.7 WIE WERDE ICH WITZIGER?

Es fällt dir viel leichter, andere Leute für dich zu gewinnen und tolle Beziehungen aufzubauen, wenn du es schaffst, **andere Menschen zum Lachen zu bringen** – also witziger zu sein. Das Gute daran ist: **Jeder von uns kann lernen, unterhaltsamer und lustiger zu sein.** Es ist genauso eine Fertigkeit wie jede andere. Witziger zu sein basiert nämlich nicht auf Techniken und Methoden, sondern darauf, auf eine bestimmte Art und Weise zu denken. **Jemand, der lustig ist, denkt lustig.** Es ist kein Modus, den man irgendwann einfach einschaltet, um einen Witz nach dem anderen zu reißen. Nein, es ist ein mentales Muster, ein Mindset, das den ganzen Tag aktiv ist. Jemand der lustig ist, sieht den Humor in allen Dingen. Selbst in alltäglichen Kleinigkeiten sieht eine Person mit diesem Mindset den innewohnenden Humor und kann einen passenden Witz oder eine unterhaltsame Bemerkung darüber machen.

Je häufiger du dieses Muster übst, das heißt, je mehr dich Situationen im Alltag zum Lachen bringen, desto leichter fällt es dir auch, andere Leute zum Lachen zu bringen. **Das Ziel sollte aber nicht sein, andere zum Lachen zu bringen, sondern dich zum Lachen zu bringen.** Du erinnerst dich an das Gesetz der Emotionsübertragung? Genau das tritt hier auch in Kraft. Wenn du versuchst, andere Leute zum Lachen zu bringen, dann bist du eher wie ein tanzender Clown, der andere Leute unterhalten möchte. Das kann jedoch sehr leicht nach hinten losgehen, wenn du dir eine positive Reaktion anderer Leute erwartest. Beachte deswegen folgende Grundregel: Bring dich zuerst zum Lachen, um dadurch die anderen zum Lachen zu bringen. Sobald du dich zwingst, lustig zu sein, wirkt es auf andere Leute eher aufgesetzt. Lege den Fokus also auf dich selbst und bringe dich selbst zum Lachen.

Eine weitere gute Nachricht für dich ist, dass es nicht nur eine Art von Humor gibt. Nein, es gibt unzählige Arten von Humor. Schaue dir allein verschiedene Comedians an, die völlig unterschiedliche Stile haben, unabhängig davon ob sie Schauspieler, Poetry-Slammer oder klassischer Standup-Comedian sind. Schon in meinem eigenen Freundeskreis fallen mir viele Leute auf, die einen unterschiedlichen Witz an sich haben, der dann auch auf verschiedene Leute unterschiedlich wirkt.

Holger – ein guter Freund von mir – basiert zum Beispiel seinen kompletten Humor auf **Wortwitzen**. Er macht keine klassischen Witze und er erzählt keine One-Liner-Gags. Nein, sein Humor besteht zum allergrößten Teil aus Wortwitzen und Wortspielen. Rate mal, wer am meisten darüber lacht. Genau, er selbst. Dadurch, dass er es selbst am lustigsten findet, zieht er andere Leute in seinen Bann, welche ebenfalls anfangen zu lachen.

Ein anderer Freund von mir, Timo, hat einen unglaublich **provokanten Humor** und liebt es einfach, emotionale Reaktionen bei anderen Leuten hervorzurufen. Er schaut immer, wie weit er gehen kann, bis die andere Person es nicht mehr aushält.

Ich selbst habe einerseits einen sehr schwarzen Humor, andererseits entwickele ich aber auch gerne aus den kleinsten Situationen im Alltag komplette Tagträume (wie J. D. aus der Serie „Scrubs"), die ich dann natürlich auch erzähle. Meist entstehen so Geschichten, die mich und die Leute um mich herum zum Lachen bringen.

Was bedeutet das jetzt also für dich? **Versuche nicht, jemanden zu kopieren, sondern finde deinen eigenen Humor**. Es geht darum, etwas zu entdecken, was zu deiner Persönlichkeit passt, um deine Persönlichkeit durch deinen Humor auszudrücken. Auch hat das wieder etwas damit zu tun, authentisch zu sein. Wenn du versuchst, auf eine bestimmte Art und Weise lustig zu sein oder positive Reaktionen von anderen Leuten zu bekommen, dann fokussierst du dich erneut darauf, einen Eindruck zu machen, anstatt deine Persönlichkeit und auch deinen Humor auszudrücken. Dein Humor, das, was du lustig findest, ist ein Teil deiner Persönlichkeit. Willst du nicht auch Leute in deinem Umfeld haben, die genau das lustig finden? Stell dir mal vor, du hättest einen bestimmten Humor, den du einfach nur liebst, doch jeder deiner Bekannten und Freunde hasst diesen Humor. Wahrscheinlich würde dir das nicht viel Spaß machen, oder? Also versuche nicht, eine Art von Humor zu kopieren, sondern finde deine eigene witzige Stimme und drücke dich entsprechend aus.

ZUSAMMENFASSUNG:

- Jemand, der lustig ist, denkt lustig.
- Erzwinge es niemals, lustig zu sein, sonst wirkst du wie ein tanzender Clown.
- Das, was du nach außen gibst, ist eine Reflexion deines Innenlebens. Das gilt auch für deinen Humor.
- Es gibt unzählige Arten von Humor. Finde deine eigene Stimme des Humors.

AUFGABEN:

- Jetzt wird es Zeit herauszufinden, welche Art von Humor am besten zu dir passt. Worauf basieren die meisten deiner Witze? Erinnere dich einmal daran, welche Witze du in der letzten Woche erzählt hast und welche Situationen für dich lustig waren.
- Schaue dir Comedians an, die du besonders lustig findest. Fang an, diese zu studieren und analysiere einmal bewusst: Was genau machen sie? Wie schaffen sie es, dass Tausende Leute anfangen zu lachen? Übernimm ihre Muster und baue diese erfolgreichen Prinzipien in deinen eigenen Humor ein.

3.8 DER PERFEKTE GESPRÄCHSEINSTIEG

Kommen wir zu dem Thema, zu dem ich so viele Fragen bekommen habe wie zu keinem anderen. Nämlich „Wie soll ich eine Person überhaupt ansprechen? Was soll ich dabei sagen?"

Lasst es uns mit einem einzigen Satz ein für alle Mal klären: **Es spielt absolut keine Rolle.** Ja, genau, es spielt absolut keine Rolle, was du zuerst sagst oder wie du ein Gespräch anfängst. Wir reden hier nur von den ersten fünf Sekunden. Das wirkliche Spiel beginnt doch erst danach. Es ist so, als würdest du die ganze Zeit fragen, was der perfekte Anstoß für ein Fußballspiel ist. Na ja, man kann sich darüber den Kopf zerbrechen, aber im Endeffekt sind das Entscheidende die neunzig Minuten danach.

Natürlich ist der erste Eindruck wichtig, aber nicht so wichtig, wie wir denken. Selbst wenn du den ersten Eindruck verdirbst, heißt das nicht, dass ihr keine großartigen Freunde oder gute Bekannte werden könntet. Auch wenn der erste Eindruck vielleicht einmal peinlich wird, ist es kein Problem. In einem anderen Kapitel werde ich dir noch zeigen, wie du mit jeder peinlichen Situation umgehen kannst.

Gehen wir doch einmal genauer darauf ein, warum das, was du zu allererst sagst oder wie du ein Gespräch anfängst, keine Rolle spielt. Es ist ganz einfach so: Fast niemand kann sich später an den Gesprächsanfang erinnern. Kannst du dich noch daran erinnern, was die letzten fünf Personen, die du kennengelernt hast, als Erstes zu dir gesagt haben oder was du ihnen zuerst gesagt hast? Erinnerst du dich noch genau an eure ersten Worte? Solange es nicht dein fester Partner oder ein bester Freund geworden ist, wahrscheinlich nicht. Vielleicht kannst du dich selbst bei ihnen nicht an eure ersten Worte erinnern.

Verbanne Fragen wie „Was soll ich sagen?" oder „Wie fange ich das Gespräch am besten an?" ab jetzt für immer aus deinem Kopf. **Das wirkliche Spiel beginnt erst danach.** Um dir den Einstieg trotzdem zu erleichtern, möchte ich dir drei Wege mitgeben, wie du jedes Gespräch beginnen kannst.

Der erste Weg ist der wohl simpelste. Geh einfach hin, stell dich vor und frage, wie die andere Person heißt. „Hi, ich bin Alex. Wie heißt du?" Ja, komplizierter muss es nicht sein. Der Gesprächsanfang ist wieder ein perfektes Beispiel dafür, wie unser Verstand Dinge gerne komplizierter macht, als sie wirklich sind. Seien wir ehrlich, ist es wirklich so kompliziert, auf einen Menschen zuzugehen und ein Gespräch mit ihm oder ihr anzufangen? Nein! Also geh einfach hin und stell dich vor.

Der zweite Weg ist, auf die Situation einzugehen, in der ihr beide seid. Du bist vielleicht gerade in der Schlange bei Starbucks und möchtest unbedingt mit der Person vor oder hinter dir ein Gespräch anfangen. Was du machen könntest, ist zum Beispiel zu fragen „Was glaubst du, was ist besser? Der Schokoladenkuchen oder der Karottenkuchen?" und siehe da, schon hast du ein Gespräch angefangen. Oder du bist auf einer Party, einem Seminar oder auf einem anderen Event. Selbst dort reicht so etwas Simples wie „Mann, ganz schön voll hier. Ich hätte niemals gedacht, dass hier so viele Menschen sind". Das klingt fast schon zu einfach, nicht wahr? Doch genauso einfach ist es. Es geht nur darum, den Fuß in die Tür zu kriegen. Das wirklich Wichtige kommt sowieso erst danach. Die ersten fünf Sekunden spielen nicht wirklich eine große Rolle.

Eine weitere Möglichkeit ist, der anderen Person ein Kompliment zu machen. Du kannst ganz einfach auf etwas eingehen, das dir an der Person aufgefallen ist. Wenn du bei einem Seminar bist und du siehst jemanden, mit dem du unbedingt ins Gespräch kommen möchtest, kannst du ganz einfach auf die Person zugehen und sagen „Hey, deine positive Ausstrahlung gefällt mir wirklich gut. Du scheinst einer der wenigen zu sein, der wirklich aktiv neue

Leute kennenlernen will. Hi, ich bin…". Nicht gerade kompliziert oder? Mach es dir nicht schwerer, als es eigentlich ist!

Um es dir noch einfacher zu machen und auch den ein oder anderen Sabotageversuch des Verstandes zu eliminieren, will ich dir ein paar weitere Mindsets mitgeben, die dir dabei helfen können. Wie wir bereits gelernt haben, ist das Meiste im zwischenmenschlichen Bereich nichts weiter als eine sich selbsterfüllende Prophezeiung. Wenn du auf eine neue Person zugehst mit der Einstellung „Oh je, das wird eh nichts…", dann wirst du auch genau das ausstrahlen. Lass uns ein paar Mindsets durchgehen:

1. **Verhalte dich so, als ob ihr euch schon lange kennt.** Ja, du hast richtig gelesen. Geh einfach so locker auf die Person zu, als hättet ihr schon Hunderte Male miteinander gequatscht. Wie gehst du auf einen guten Freund zu? Wahrscheinlich ziemlich entspannt, nicht wahr? Du wirst nicht zweimal darüber nachdenken, mit ihm ein Gespräch anzufangen, sondern ganz einfach hingehen und sagen „Hey, was geht?". Komplizierter solltest du es dir nicht machen. Also tu ganz einfach mental so, als hättet ihr schon häufig miteinander geredet und als würdet euch schon sehr lange kennen.

2. **Ändere den Fokus von „Mag sie mich?" zu „Mag ich sie?".** Letztlich spielt es keine Rolle, ob die andere Person dich mag, sondern ob du sie magst. Darum geht es ja genau in diesem Buch. Die Beziehungen zu finden und die Menschen zu finden, die wirklich zu dir passen und mit denen du es genießt, Zeit zu verbringen. Was hast du davon, wenn du einen neuen Menschen kennenlernst und die Person dich unglaublich mag, doch du merkst nach ein paar Minuten, dass du sie gar nicht magst? Also hör auf, dich zu fragen, ob sie dich mag und beginne, dir die Frage zu stellen, ob du sie magst. Sei neugierig! Wenn du im Hinterkopf die Frage hast, ob die Person dich mag, gehst du eher mit einer Vermeidungshaltung in das Gespräch, weil du denkst, das darfst du nicht versauen. Wenn du die Frage „Mag ich sie?" stellst, lenkst du den Fokus stattdessen auf

die Neugier herauszufinden, wie die Person drauf ist und ob ihr auf einer gemeinsamen Wellenlänge seid. Damit bringst du auch sehr viel mehr Spaß in das Kennenlernen neuer Menschen.

3. **Play to win, not to not lose.** Habe niemals das Ziel, nicht schlecht anzukommen, sondern hab stets das Ziel, eine coole Unterhaltung oder Beziehung zu starten. Wir bekommen mehr von dem, worauf wir uns fokussieren. Wenn du ständig deinen Fokus darauf setzt, bloß nicht schlecht anzukommen oder auf gar keinen Fall etwas falsch zu machen – rate mal, was dann passiert – genau, du machst wahrscheinlich viel mehr falsch. Du wirst vermutlich über deine eigene Zunge stolpern und generell wirst du bei der anderen Person nicht gut ankommen. Lege deinen Schwerpunkt stattdessen lieber darauf, eine tolle Beziehung zu starten, eine coole Unterhaltung zu führen, ein Abenteuer zu beginnen, eine potenziell neue Freundschaft aufzubauen oder was auch immer dir aktuell wichtig ist. Sei niemals in der Defensive, um nichts zu verlieren, sondern sei stets in der Offensive.

Dabei möchte ich auch noch auf einen weiteren Punkt eingehen. Leute werden dir stets so viel Respekt und Aufmerksamkeit entgegenbringen, wie du denkst, dass du es verdienst. All das kannst du nur durch deine innere Einstellung ausstrahlen. Wenn du die Überzeugung hast, dass du Respekt und Aufmerksamkeit verdienst, dann wird sich auch deine komplette Ausstrahlung ändern.

Als kleines Beispiel dazu: Denk mal an eine Person, die bloß niemanden stören will, die auf gar keinen Fall im Mittelpunkt stehen will und die das Gefühl hat, dass keiner sie wirklich mag. Was glaubst du, wie diese Person auf eine Gruppe von Menschen zugehen wird? Wird sie selbstbewusst in die Mitte der Gruppe hineintreten oder wird sie sich eher langsam und leise von außen heranschleichen? Wird sie laut und voller Autorität sprechen oder eher zurückhaltend und leise?

Jetzt stelle dir einmal eine Person vor, die enormes Selbstvertrauen hat, ihren eigenen Selbstwert kennt und davon überzeugt ist, dass sie Respekt und Aufmerksamkeit verdient. Wird diese Person Probleme damit haben, sich in eine Gruppe zu integrieren, sich in die Mitte der Gruppe zu begeben und ganz locker ein Gespräch anzufangen? Wird diese Person eher leise und unauffällig versuchen, sich in eine Gruppe einzufügen oder wird sie plötzlich da sein und die Aufmerksamkeit der Leute auf sich ziehen? Ich denke, der Vergleich zwischen den beiden Personen ist recht klar.

All das fängt mit ihrer inneren Einstellung an. Das, was du ausstrahlst, wird dir von anderen Menschen oft zurückgegeben. Fast alles ist eine selbsterfüllende Prophezeiung. Das, wovon du überzeugt bist, das werden andere Menschen dir auch zurückspiegeln.

Zu guter Letzt will ich noch mit einem Irrglauben aufräumen. Nehmen wir einmal an, du bist auf ein paar neue Leute zugegangen und es ging komplett in die Hose. Wer sagt, dass du nur einen Versuch hast? Neue Leute kennenlernen ist wie ein Computerspiel mit einer unendlichen Anzahl von Leben. Nur weil du einmal einen schlechten Eindruck gemacht hast, heißt das nicht, dass ihr euch bei der zweiten, dritten oder vierten Begegnung nicht gut verstehen werdet. Sei es, weil ihr eine Gemeinsamkeit findet, sei es, dass ihr beide gute Laune habt oder dass ihr bisher einfach aneinander vorbeigeredet habt. Kurz gesagt, du hast unendlich viele Versuche, eine Person kennenzulernen. Hattest du schon einmal einen schlechten Eindruck von einer Person, doch nachdem ihr euch einige Male begegnet seid, hast du plötzlich gemerkt, dass du sie eigentlich doch ganz gerne magst? Eben.

Fun Fact: Bei einem meiner besten Freunde, Michael, war das genauso. Wir haben uns über mehrere Jahre hinweg gehasst, trotz täglicher Begegnungen in der Schule, bis wir eines Tages einige Gemeinsamkeiten fanden, auf einen gemeinsamen Nenner kamen und sich dadurch die beste Freundschaft meines Lebens entwickelt hat.

Also erkenne, dass du nicht nur einen Versuch hast, sondern, dass du in einem Spiel mit unendlich vielen Leben bist.

ZUSAMMENFASSUNG:

- Es spielt absolut keine Rolle, was du zuerst sagst. Das wirkliche Spiel beginnt nach dem ersten Kennenlernen.
- Der erste Eindruck ist wichtig, aber nicht so wichtig, wie wir denken.
- Du strahlst aus, was du innerlich fühlst – das meiste von dem, was du tust, ist eine selbsterfüllende Prophezeiung.
- Leute werden dir so viel Respekt und Aufmerksamkeit entgegenbringen, wie du denkst, dass du verdienst.
- Du hast nicht nur einen Versuch, sondern bist in einem Spiel mit unendlich vielen Leben.

AUFGABE:

- In der Theorie ergibt das Ganze natürlich Sinn, daher wird es jetzt Zeit, das Gelesene auch in der Praxis anzuwenden. Also fang heute ein Gespräch mit drei fremden Personen an. Einfach, um zu bemerken, dass die ersten paar Sekunden eures Kennenlernens so gut wie keine Rolle spielen und das wirkliche Spiel erst danach beginnt.

3.9 WORÜBER SOLL ICH DANN SPRECHEN?

Auch hier gilt: Es spielt absolut keine Rolle, worüber du sprichst, denn die andere Person wird sich sehr selten auf das angesprochene Thema fokussieren. Viele Menschen denken zwar, dass das Thema, über das sie sprechen, das Wichtigste ist, doch wie wir schon gelernt haben, ist der Großteil unserer Kommunikation nonverbal. Sie erfolgt durch Körpersprache, Mimik, Gestik und Tonalität. **Nur ein ganz kleiner Teil unserer Kommunikation basiert wirklich auf dem Gesagten**. Der Großteil basiert auf etwas ganz anderem, nämlich auf den Emotionen, die wir hinter das Gesagte setzen. Wie du über etwas redest, ist viel wichtiger, als über was du redest. Ich habe dazu oben schon das Beispiel des inspirierenden und des einschläfernden Lehrers gebracht.

Mir ging es in meiner Schulzeit genauso mit dem Fach Musik. Von klein an hatte ich kein wirklich tolles Bild von Musikern. Warum? Weil die Musiklehrer in meiner Schule schrecklich waren. Wirklich, sie haben das Thema Musik zum Einschlafen langweilig gemacht. Bis ich meinen ersten Gitarrenlehrer fand. Dennis, professioneller Tattoo-Artist, der seit einigen Jahrzehnten Gitarre spielte und schon in ein paar Dutzend Bands gespielt hatte. Was glaubst du, wie schnell er es geschafft hat, meine Liebe für die Musik und das Musikmachen wachzurütteln? Es hat nicht einmal eine Sekunde gedauert. Du siehst also, das Wie ist entscheidender als das Was.

Trotzdem möchte ich dir noch eine Technik mitgeben, die es dir erleichtert, stets etwas zu haben, worüber du reden kannst. Dabei ist unser einziges Ziel, deinem Verstand eine Sicherheit zu geben. Der einzige Grund, warum dir manchmal nichts einfällt, worüber du reden kannst, ist ja ganz einfach, dass der Verstand die Dinge wieder überdenkt und alles komplizierter macht, als es wirklich ist. Um dem entgegenzuwirken, lass uns ein kleines Sicherheitsnetz für dich aufbauen. Setz dich hin, schreibe dir fünf Geschichten auf, die du schon regelmäßig erzählt hast, und behalte sie stets im Hinterkopf – einfach zur Sicherheit. Solltest du dann also wirklich einmal in eine Situation kommen, in der dir absolut nichts mehr einfällt und dein Verstand dich komplett zum Einfrieren gebracht hat, kannst du auf eine dieser fünf Geschichten zurückgreifen. Das bringt dich dann wieder zum Reden, beruhigt den Verstand und du kommst in einen sozialen Modus. Im Idealfall solltest du diese Geschichten natürlich nie nutzen, es geht einfach nur darum, dass du etwas im Kopf hast, worauf du zurückgreifen kannst.

Es ist ein wenig, wie Fahrradfahren zu lernen. Anfangs ist es gut, ein paar Stützräder zu haben, doch mit der Zeit solltest du lernen, dein Gleichgewicht selbst zu halten. Genauso ist es hier. Hab die Stützräder stets im Hinterkopf, um dir deine größte Unsicherheit zu nehmen, doch lerne es, frei und entspannt zu reden.

ZUSAMMENFASSUNG:

- Es spielt absolut keine Rolle worüber du redest.
- Der Großteil unserer Kommunikation geschieht nonverbal.
- Es ist wichtiger, wie du über etwas redest, als über was du redest.
- Hab stets ein paar Stützräder im Hinterkopf, doch lerne es, langfristig frei zu reden.

AUFGABEN:

Heute habe ich zwei Aufgaben für dich.

- Identifiziere, worüber du wirklich begeistert redest. Mit je mehr Begeisterung und Emotionen du über etwas redest, desto leichter wird es dir auch fallen, darüber zu sprechen, und desto besser kannst du auch mit anderen Menschen eine echte Beziehung aufbauen.
- Schreibe dir fünf Geschichten auf, die du als Notfallnetz nutzen kannst und hab sie stets im Hinterkopf.

3.10 DIE OPTIMALE GESPRÄCHSFÜHRUNG

Es spielt kaum eine Rolle, worüber du redest, doch trotzdem gibt es zwei Regeln, an denen du dich orientieren kannst, um eine optimale Gesprächsführung zu erreichen. Entweder lass das Lenkrad los und gib dem Gespräch Zeit, sich zu entwickeln, oder führe das Gespräch in eine Richtung, die du bevorzugst.

Schauen wir uns Vor- und Nachteile der beiden Möglichkeiten an und überlegen gemeinsam, wann sie angebracht sind.

Lass locker und gib dem Gespräch Zeit, sich zu entwickeln – Das ist besonders dann wichtig, wenn du mit einer Person eine natürliche Beziehung aufbauen möchtest und es lernen möchtest, deinen Verstand abzuschalten. Wie ich bereits angesprochen habe: Das, was dir am meisten im Weg steht, ist dein eigener Verstand. Die Regel ist auch sehr gut dafür, um Entspannung zu üben und ein Gefühl für den sozialen Gesprächsfluss zu bekommen.

Wenn du also jemand bist, der ständig versucht, die Kontrolle im Gespräch an sich zu reißen, dann rate ich dir, das Loslassen einmal bewusst zu lernen. Gib dem Gespräch ganz einfach die Chance, sich organisch zu entwickeln. Du wirst erstaunt sein, wie viel leichter es dir mit der Zeit fällt, echte authentische Beziehungen zu anderen Menschen aufzubauen, weil du eben nicht mehr der Kontrollfreak bist, der die ganze Zeit die Führung haben muss, sondern weil du plötzlich zu einem entspannten, lockeren und spaßigen Gesprächspartner wirst.

Die andere Möglichkeit ist, das Gespräch proaktiv zu lenken. Dies ist vor allem dann für dich wichtig, wenn du eher zu den Zeitgenossen zählst, die bisher nie die Führung im Gespräch übernommen haben. Vielleicht warst du etwas schüchterner oder wusstest nicht wirklich, was du ansprechen sollst. Dann ist es an der Zeit für dich, genau das zu üben. Lerne, das Gespräch bewusst in eine

Richtung zu lenken, die dich interessiert. Sei es, dass du das Gespräch gerne zu einem bestimmten Thema lenken möchtest oder ihr gerade über ein Thema redet, das dir nicht gefällt. Mit ein wenig Übung kannst du lernen, die Gesprächsführung sehr schnell zu übernehmen. Das kannst du besonders dann gut für dich nutzen, wenn du merkst, dass das Gespräch in eine ernste Richtung geht, du allerdings gerade eher lockere und spaßige Kommunikation bevorzugst. Oder wenn dein Gesprächspartner ein Thema anspricht bzw. eine Frage stellt, worauf du gerade einfach keine Lust hast. Niemand kann dich dazu zwingen, bestimmte Fragen zu beantworten oder über ein bestimmtes Thema zu reden. Du kannst das Gespräch einfach in die Richtung lenken, in die du möchtest. Wie genau das geht, fragst du? Na ja, ganz einfach: indem du es machst!

Ein kleines Beispiel: Du kommst gerade von der Arbeit und das Letzte was du hören möchtest, sind irgendwelche arbeitsrelevanten Themen. Unglücklicherweise ist die erste Frage, die du von einem neuen Bekannten gestellt bekommst „Was machst du eigentlich beruflich?". Du bist natürlich genervt von der Frage, kannst aber ganz einfach das Gespräch in eine andere Richtung lenken: „Ach weißt du, ich habe Maschinenbau studiert und arbeite jetzt in einem größeren Unternehmen. Macht mir auch eine Menge Spaß, heute habe ich damit aber schon genug am Hut gehabt. Sag mal, hast du eigentlich mitbekommen, was gestern in Hamburg passiert ist? Ziemlich aufregend oder?" Somit lenkst du das Gespräch in die Richtung, die dir gefällt.

Je nachdem, womit du dich mehr identifizierst, solltest du das Gegenteil üben. Bist du ein Kontrollfreak, der bei jedem Gespräch die Zügel in der Hand haben möchte, dann lerne, die Zügel loszulassen und gib dem Gespräch Zeit, sich zu entwickeln.

Solltest du hingegen eher derjenige sein, der zurückhaltend ist und nicht so aus sich herauskommt, dann übe, ein wenig dominanter zu sein und proaktiv die Führung des Gesprächs zu übernehmen.

ZUSAMMENFASSUNG:

- Es gibt zwei Möglichkeiten Gespräche zu führen. Lass sich das Gespräch organisch entwickeln oder übernimm proaktiv die Gesprächsführung.
- Du solltest beide Formen der Gesprächsführung beherrschen. Je nachdem, was dir leichter fällt, übe das Gegenteil.

AUFGABE:

- Schau dir an, was du bisher häufiger gemacht hast und dann suche dir diese Woche zwei bis drei Gespräche, in denen du proaktiv das Gegenteil übst.

3.11 DER PERFEKTE GESPRÄCHSAUSSTIEG

Nachdem ihr eine tolle erste Begegnung hattet, möchtest du das Gespräch natürlich möglichst positiv beenden. Der Gesprächsausstieg ist wie der Gesprächsanfang ein Punkt, über den sich Leute gerne den Kopf zerbrechen. Er sollte jedoch niemals so ernst genommen werden wie das, was dazwischen passiert, denn nur dort findet das wirklich Interessante statt. Trotzdem möchte ich dir hier eine Regel mitgeben auf die du achten kannst:

Beende das Gespräch immer auf einer Highnote, also auf einem Höhepunkt, und nicht dann, wenn die Stimmung gerade am Boden ist, euch der Gesprächsstoff ausgeht oder du merkst, dass das Gespräch an Elan verliert. Hier kommt der Primacy-Recency-Effekt ins Spiel. Dieser aus der Psychologie bekannte Effekt besagt, dass wir uns besonders stark an das Ende einer Begegnung erinnern. Ein gutes Beispiel wäre ein Film. Nehmen wir an, du schaust dir einen neunzigminütigen Film an, welcher dich achtzig Minuten lang auch wirklich gut unterhält, doch das langersehnte Ende ist enttäuschend und lässt dich kalt. Wie fällt dein Urteil über den kompletten Film aus? Genau, sehr negativ! Auch wenn die ersten achtzig Minuten dich wunderbar unterhalten haben, das, was der Verstand am ehesten behält, ist das Ende. Zerbrich dir aber dennoch nicht den Kopf, um ständig nach einem perfekten Gesprächsausstieg zu suchen, das ist nicht notwendig. Der perfekte Ausstieg ist nicht entscheidend, sondern eher nice-to-have.

Das heißt für dich: Wenn du merkst, dass du das Gespräch beenden möchtest oder in ein paar Minuten gehen musst, dann sorge dafür, dass du das Gespräch noch auf einen Höhepunkt bringst. Sei es, dass du die andere Person zum Lachen bringst, auf ein Thema zu sprechen kommst, welches euch beide begeistert oder du sonst irgendwie wieder mehr Leben ins Gespräch bringst. So kannst du das Gespräch wunderbar auf einem Höhepunkt beenden.

Eine Drei-Schritte-Formel, die ich häufig anwende, insbesondere wenn ich eine Person zum ersten Mal getroffen habe, ist die Folgende:

1. **Bringe das Gespräch auf einen Höhepunkt**, zum Beispiel durch ein interessantes Thema, einen Witz oder sonst etwas, was das Gespräch wieder zum Leben erweckt.

2. **Erwähne weitere Pläne, die ihr machen wollt.** Beispielsweise „Hey, ich melde mich morgen bei dir!" oder „Lass uns den Grillabend, über den wir gesprochen haben, doch übernächstes Wochenende machen!". Sprich also klare weitere Pläne an, sodass ihr etwas habt, worauf eure Beziehung weiter aufbauen kann.

3. **Tauscht eure Kontaktdaten aus**. Dann hast du eine perfekte Reihenfolge bei einem Gesprächsausstieg mit jeder Person, die du gerade erst kennengelernt hast.

ZUSAMMENFASSUNG:

- Die Highnote-Strategie: Beende das Gespräch auf einem Höhepunkt.
- Der Primacy-Recency-Effekt: Unser Verstand erinnert sich am meisten an das Ende eines Ereignisses.

AUFGABE:

- Übe diese Woche das Beenden von drei Gesprächen auf diese Art und Weise. Bringe wieder mehr Leben in ein Gespräch und komme auf einen Gesprächshöhepunkt. Sprich dann weitere Pläne an und tausche zu guter Letzt die Kontaktdaten mit der Person aus (falls ihr das nicht schon vorher gemacht habt).

3.12 DIE GEFÄHRLICHEN DREI

Okay, ich habe zwar gesagt, dass es keine Rolle spielt, worüber du redest, doch wie wir wissen, gibt es für jede Regel eine Ausnahme. In diesem Fall, um genau zu sein, drei Ausnahmen.

Nämlich **Politik**, **Religion** und **Gesundheit**.

Diese drei Themen sind spannend und dadurch verlockend, damit läufst du allerdings Gefahr, zu einer Distanzierung statt zur Annäherung zu kommen. Besonders wenn du eine Person gerade erst kennenlernst, solltest du diese Themen unbedingt vermeiden. Allerdings gibt es auch von dieser Regel eine Ausnahme: Du kannst die gefährlichen Drei ansprechen, sogar ohne Bedenken, wenn du bereits weißt, dass du und dein Gegenüber ähnliche Ansichten habt. In diesem Fall können auch Gespräche über Politik, Religion oder Gesundheit zur gewünschten Annäherung führen. Das Problem dabei ist: Du weißt häufig nicht, ob es doch Differenzen geben wird und wie ähnlich eure Ansichten wirklich sind.

Vielleicht habt ihr euch bis zu diesem Punkt super verstanden, doch dann wird auf einmal das Thema Politik oder Religion angesprochen und schon kannst du ganz schnell einen Riss in eine eigentlich gut gedeihende Beziehung bringen. Ich sage nicht, dass du diesen Themen für immer fernbleiben sollst, im Gegenteil. Wenn ihr euch besser kennt und gut versteht, dann solltest du diese Themen sogar ansprechen, gerade wenn ihr Meinungsverschiedenheiten oder unterschiedliche Weltsichten habt. Nur so kannst du als Person wirklich wachsen, nämlich indem du dich mit Realitäten umgibst, die deiner Realität widersprechen.

Wir reden hier jedoch vom Kennenlernen neuer Personen und dort solltest du diese Themen anfangs unbedingt vermeiden. Habt ihr bereits eine Freundschaft aufgebaut, dann brauchst du dir darüber keine Gedanken zu machen, denn eine gestandene Eiche überlebt sogar die stürmischsten Meinungsverschiedenheiten ohne Probleme. Ein gerade gedeihender Spross hingegen wird vom Wind einer wilden Diskussion womöglich vollkommen aus der Erde gerissen und hat dann keine Chance mehr zu wachsen.

ZUSAMMENFASSUNG:

- Sprich die gefährlichen Drei – Politik, Religion und Gesundheit – in einer gedeihenden Beziehung nicht an.
- Wenn ihr euch schon besser kennt, dann brauchst du dir darüber keine Gedanken machen

AUFGABEN:

- Höre dir bei der Wahl der Themen selbst genau zu. Achte genau auf die Reaktion des Gegenübers und vermeide kontroverse Felder.
- Wechsele bewusst und diplomatisch das Thema, falls jemand anderes Politik, Religion oder Gesundheit anspricht.
- Sprich einen der gefährlichen Drei ganz bewusst mit einem Menschen an, den du schon besser kennst. Beobachte dich und dein Gegenüber, während ihr euch auf „gefährlichen" Feldern bewegt.

3.13 DU WEISST NIE, WER DIR GEGENÜBERSTEHT

Da du niemals weißt, wer die Person ist, die dir gerade gegenübersteht, solltest du stets jeden mit Respekt behandeln und besonders eine Verhaltensweise unbedingt vermeiden: über die andere Person zu urteilen. Unser Verstand ist verdammt gut darin, sich aufgrund der ersten Wahrnehmung schnell ein Bild von anderen zu machen. Das Problem dabei ist, wir wissen nie wirklich, was die Person gerade durchmacht, was ihr durch den Kopf geht, mit welchen Herausforderungen sie momentan zu kämpfen hat, welche Ziele sie hat, ob sie einen guten oder schlechten Tag hatte oder sonst etwas aus ihrem Leben.

Tritt darum jeder Person mit Respekt gegenüber und verurteile sie nicht.

Dazu möchte ich dir eine schöne Geschichte erzählen: Ein Mann kommt gerade von der Arbeit und setzt sich mit seiner Zeitung in die U-Bahn. Nachdem er nur ein paar Absätze gelesen hat, hält die U-Bahn an der nächsten Station und ein Mann mit zwei Kindern steigt ein. Der Vater setzt sich hin und achtet überhaupt nicht auf seine Kinder, die laut schreiend durch die komplette Bahn toben und jedem Fahrgast die wohlverdiente Feierabendruhe nehmen. Der Mann mit der Zeitung versucht, die Situation zu ignorieren, doch als schließlich eins der Kinder vor ihm auf die Füße fällt und ihm fast die Zeitung aus der Hand reißt, reicht es ihm. Er steht auf und geht hinüber zum Vater. „Was fällt Ihnen eigentlich ein? Merken Sie denn nicht, was Ihre Kinder hier machen? Haben Sie ihnen denn keine Manieren beigebracht?" Mit glasigen Augen schaut der Vater zu dem Mann auf und sagt: „Das tut mir sehr leid. Wissen Sie, meine Frau ist gestern Abend gestorben und meine Kinder wissen noch nicht wirklich, wie sie damit umgehen sollen. Ich weiß selber nicht, wie ich die Situation handhaben soll. Bitte entschuldigen Sie, ich werde mich um meine Kinder kümmern."

Ist dir aufgefallen, wie schnell der Mann über den Vater geurteilt hat? Ohne zu wissen, was dieser gerade durchmacht? Kaum kennen wir seine Geschichte, blicken wir auf einmal nicht mehr auf den Mann herab, sondern plötzlich fühlen wir mit ihm und haben Mitleid. Unsere komplette Wahrnehmung verändert sich.

Eine andere Geschichte passierte eines Morgens in einem Starbucks. Während einer meiner Freunde in der Schlange stand, um sich seinen morgendlichen Espresso zu bestellen, drängelte sich ein Mann plötzlich einfach vor, um sich ein Stück Kuchen und einen großen Cappuccino zu bestellen. „Hey, so geht das aber nicht, Sie können sich nicht einfach vordrängeln!" – „Ja, ich bin in Eile, das muss jetzt nun einmal sein." – „Entschuldigung, stellen Sie sich bitte hinten an." – „Sie haben mir schon mal gar nichts zu sagen. Ich habe meine Bestellung aufgegeben und Sie müssen jetzt warten, basta." Ein wenig schockiert schüttelte mein Freund den Kopf und dachte sich: „Das ist mir den Streit nicht wert, die paar Sekunden kann ich auch noch warten." Nachdem auch er seinen Espresso bekommen hatte, fuhr er zu seinem Arbeitsplatz und checkte den Terminkalender für den Tag. Da er für sein Unternehmen auf der Suche nach einem neuen Grafikdesigner war, standen mehrere Bewerbungsgespräche an. Er bat seine Sekretärin, den ersten Kandidaten hineinzuschicken. Rate einmal, wer durch die Tür schritt ... Genau! Derjenige, der sich eben bei Starbucks so dreist vorgedrängelt hatte. Du kannst dir vorstellen, dass das Gespräch schneller beendet war, als es angefangen hat.

Was sollen diese beiden Geschichten dir sagen? Du weißt nie, wer dir gegenübersteht und du weißt nie, welche Tür dir eine Person öffnen kann. Du weißt erst recht nicht, welche Türen sich für dich schließen können, nur weil du dich einer Person gegenüber respektlos verhältst oder sie vorschnell verurteilst.

Sei deswegen zu jedem höflich, sei zu jedem respektvoll und behandele jede Person so, wie du selbst behandelt werden möchtest. Wie Mark Twain schon sagte: Freundlichkeit ist eine Sprache, die Taube hören und Blinde lesen können. Allein diese freundliche

Grundhaltung kann dir viele Türen öffnen und macht es dir gleichzeitig auch viel leichter, neue interessante Leute kennenzulernen.

Wenn jemand zu dir zuerst unhöflich ist, dann ist es natürlich eine ganz andere Geschichte. Wenn dich jemand respektlos behandelt, dann kannst du nicht nur, sondern solltest dich wehren. Sei jedoch niemals der Erste, der sich der anderen Person gegenüber negativ oder respektlos verhält. Du weißt nie, wer dir gegenübersteht.

ZUSAMMENFASSUNG:

- Urteile nicht über eine andere Person bevor du nicht ihre Geschichte kennst.
- Du weißt nie, welche Tür dir eine Person öffnen kann und erst recht nicht, welche sich für dich schließen kann.
- Begegne jedem mit Freundlichkeit und Respekt.

AUFGABE:

- Ertappe dich im Alltag ab jetzt dabei, wann und vor allem wie schnell dein Verstand anfängt, über andere Personen zu urteilen, und dann mache dich aktiv daran, dieses Urteil zu widerlegen. Versuche dazu ganz bewusst, die Perspektive des Gegenübers einzunehmen und dich in ihn hineinzuversetzen. Das Ziel dieser Übung ist zu lernen, dass es zu jeder Situation, egal wie sich die andere Person verhält, niemals nur eine Perspektive gibt.

3.14 WIE DU JEDES FETTNÄPFCHEN ENTSCHÄRFST

Es wird immer wieder passieren. Wir sagen etwas, das wir nicht hätten sagen sollen, versauen einen Witz oder treten in irgendein Fettnäpfchen, was dann in einer peinlichen Situation oder unangenehmen Stille endet. Zum Glück gibt es eine super simple Strategie, um jedes dieser Fettnäpfchen zu entschärfen:

Sprich die Situation offen an und dann wechsle das Thema.

Lass uns dazu ein kleines Beispiel durchgehen. Du erzählst einen Witz, den du komplett verhaust und alle schauen dich stillschweigend an. Anstatt es jetzt totzuschweigen, sprich es sofort an und lach es weg: „Ja, Mist, in meinem Kopf war der witziger ...". Im nächsten Atemzug wechsle das Thema: „Na ja. Susi, wie geht es eigentlich den Kindern? Sind alle wieder gesund?"

Diese simple Reihenfolge erscheint fast schon zu einfach, doch es ist alles, was du in dieser Situation tun musst. Schauen wir uns einmal die unterliegende soziale Dynamik an. Trittst du in ein Fettnäpfchen oder sagst irgendetwas Falsches, dann hat sich in eurer Gruppe eine Spannung aufgebaut. Es steht sozusagen ein sprichwörtlicher Elefant im Raum. Wenn du diesen Elefanten jetzt offen und ehrlich sofort ansprichst, dann zeigt das Folgendes: Du hast soziale Intelligenz. Du hast selbst bemerkt, dass du gerade etwas verbockt hast. Indem du es ansprichst, zeigst du allen anderen, dass du deinen Fehler sowohl gesehen hast, als auch die soziale Intelligenz hast, für diesen Fehltritt die Verantwortung zu übernehmen.

Hast du es schon einmal erlebt, dass jemand in ein Fettnäpfchen tritt und es einfach nicht anspricht, dass er es totschweigt oder versucht, es zu ignorieren? Die Stimmung wurde nur noch unangenehmer und er erschien dir wahrscheinlich sehr viel unsympathischer. Du hast es aber bestimmt auch schon erlebt, dass jemand in ein Fettnäpfchen tritt und wieder sympathisch wirkt, sobald er es angesprochen hat.

Sprich so etwas am besten mit einer gewissen Selbstironie an und nimm dich selbst ein wenig auf die Schippe. Doch wechsle danach sofort das Thema, damit dein Fehler nicht zum Gesprächsstoff wird. Sonst machst du etwas, was viele Leute in der Situation nur zu gerne tun. Sie reiten danach noch ein paar Minuten auf diesem Missgeschick herum, da es ihnen wie eine unglaublich große Sache erscheint. Das ist es für die anderen Leute allerdings nicht. Sobald du den Fehltritt einmal angesprochen hast und das Thema wechselst, hat jeder andere die Sache innerhalb von einer Minute vergessen.

ZUSAMMENFASSUNG:

- Sprich den Elefanten im Raum kurz an, um soziale Intelligenz zu beweisen, und wechsle dann das Thema.
- Reite niemals noch zehn Minuten auf deinem Tritt ins Fettnäpfchen herum.
- Sprichst du den Fehltritt nicht an, machst du es nur noch schlimmer.

3.15 DER PERFEKTE UMGANG MIT STREIT UND KONFLIKT

Sprechen wir einmal eine unangenehme Wahrheit an: Es wird Streitereien und Konflikte in deinen Freundschaften geben. Natürlich wäre das Leben ohne Konflikte viel schöner, doch das wird nicht klappen. Wenn du dabei jedoch einer Grundregel folgst, ist das Ganze halb so schlimm.

Fange niemals einen Streit an, sei immer derjenige, der ihn beendet.

Warum? Ganz einfach, weil das Leben zu kurz ist für Streit, für Konflikte oder für Drama jeglicher Art. Gehe solchen Situationen langfristig von vorneherein aus dem Weg, indem du ehrlich und authentisch mit deinen Bekannten und Freunden umgehst. Sag die Wahrheit, nutze keine Notlügen und sprich klar an, wenn dich etwas stört.

Die häufigste Ursache von Streits ist nicht eine Meinungsverschiedenheit. Die meisten Konflikte gehen auf Kommunikationsprobleme zurück. Hast du dich schon einmal mit einer Person wirklich vehement gestritten und am Ende gemerkt, dass ihr irgendwie vollkommen aneinander vorbeigeredet habt? Und als sich das Ganze aufdeckte, kamst du dir wie ein kompletter Vollpfosten vor? Um Streits und Konflikten vorzubeugen, kommuniziere offen und direkt mit deinen Freunden. Sollte es trotzdem zu einem Streit kommen, was fast unvermeidlich ist, gibt es hier ein paar Regeln, die du beachten solltest.

Zum einen solltest du unbedingt Ruhe bewahren. Lass dich niemals in die Wut oder die Aufregung der anderen Person hineinziehen, denn sobald du einmal in dieser Emotion gefangen bist, wird es sehr schwer, da wieder herauszukommen und den Streit zu schlichten. Dabei solltest du dir einen Leitsatz unbedingt aufschreiben: Wer reagiert, verliert. Das Hauptziel dabei ist, nicht reaktiv zu sein. Egal wie aufbrausend, unruhig, wütend oder vielleicht sogar ausfallend die andere Person wird, wenn du vollkommen zentriert in deiner Mitte bleibst und dich nicht in die Emotionen der anderen Person reinziehen lässt, dann wird sich der Streit auch nicht aufbauschen. Wie eskaliert ein Streit mit der Zeit? Eine Person wird wütend, woraufhin die andere Person ebenfalls wütender wird. Das macht die erste Person noch wütender und so weiter ... Solche eskalierenden Konflikte können dazu führen, dass lange Freundschaften und Beziehungen innerhalb weniger Minuten für immer zerstört werden. Das ist es einfach nicht wert.

Als nächste Regel, nutze das Gesetz der Emotionsübertragung. Wenn du wütender wirst, vielleicht sogar, wenn du als Erster wütend wirst, dann wird es die andere Person auch. Das was du fühlst, fühlt jeder um dich herum. Bleibe also in deiner Mitte, bleibe zentriert und ruhig, zeige vielleicht sogar Empathie für die Person, versuche, dich in ihre Situation zu versetzen (ja, ich weiß, das kann in emotionalen Situationen sehr schwer sein) und warte dann, bis sich die Emotionen der anderen Person beruhigen.

Eine Sache, die dabei ebenfalls sehr helfen kann, ist es, ganz einfach den Raum zu verlassen und eine gewisse Zeit zu warten, bis sich die Emotionen bei euch beiden abgekühlt haben. Das solltest du unbedingt dann machen, wenn du merkst, dass du nicht mehr zentriert bleiben kannst und dass eine gewisse Aufregung und Wut in dir aufsteigen. Sprich es ganz offen und ehrlich an: „Hey, ich merke gerade, dass ich mich aufrege, gib mir zwanzig Minuten Zeit, damit ich wieder runterkommen kann. Dann sprechen wir weiter." Wenn du zu sehr in den Emotionen verfangen bist, besteht die Gefahr, dass der Streit weiter eskaliert und zu weiteren negativen Folgen führt.

Sobald sich eure Emotionen beruhigt haben, sei du die größere Person. Gehe auf deinen Freund zu und entschuldige dich. Sei bereit, es hinter dir zu lassen. Selbst, wenn du nicht in der Schuld bist, sprich die Situation empathisch an und übernimm Verantwortung. Wenn du nicht die Verantwortung für die Versöhnung übernimmst, wer soll es dann machen?

Begegne deinem Freund dabei ebenfalls mit Empathie und Wohlwollen, denn der beste Weg, den Feind bewegungsunfähig zu machen, ist, ihn zu umarmen. Selbst, wenn sich in der Situation etwas in dir sträubt, die andere Person zu umarmen oder ihr wohlwollend gegenüberzutreten, behandele Menschen immer ein bisschen besser, als sie es verdienen. So entwaffnest du sie am schnellsten und gibst ihnen kein neues Zündmaterial, um einen weiteren Streit zu entfachen.

Hast du diesen einen Streit oder Konflikt geschlichtet, gibt es eine wichtige Sache, die du auf gar keinen Fall machen darfst. Nämlich Reue über den Streit wochen-, monate- oder vielleicht jahrelang mit dir mitzutragen. Sobald du das tust, verpestest du nicht nur deine eigene Seele, nein du verpestest auch jede deiner anderen Beziehungen. Sobald du diese Reue und Wut länger mit dir herumschleppst, wirst du diese Negativität mehr und mehr ausstrahlen. Es gibt dazu ein schönes Zitat aus dem Buddhismus:

> *„Wut mit uns herumtragen ist wie das Greifen nach einem glühenden Stück Kohle in der Absicht, es nach jemandem zu werfen. Man verbrennt sich nur selbst dabei."*
> *– Siddhartha Gautama*

Das ist alles, was du in dieser Situation tun kannst. Wenn du bereit bist, **Sachen hinter dir zu lassen**, wenn du bereit bist, **auf den anderen zuzugehen**, wenn du bereit bist, **dich zu entschuldigen**, wenn du bereit bist, die **Verantwortung für die Versöhnung** in die eigene Hand zu nehmen und **der Person wohlwollend gegenübertrittst**, sie aber immer noch wütend auf dich ist und den Streit nicht loslassen will, dann kannst auch du nichts mehr tun. Wenn du alle diese Punkte beachtest, dann kannst du dir selbst keinen Vorwurf machen, dass du nicht alles getan hast, um einen Konflikt zu beenden oder einen Streit zu schlichten. Sollte die Person danach immer noch wütend sein oder dir Vorwürfe machen, dann ist das nicht mehr deine Verantwortung.

ZUSAMMENFASSUNG:

- Streit wird es immer geben.
- Der beste Weg, Streit zu entschärfen und zu vermeiden, ist ehrliche und authentische Kommunikation.
- Wer reagiert, verliert. Bewahre deswegen in einer aufbrausenden Situation immer die Ruhe.
- Wenn du merkst, dass du zu aufgeregt oder wütend wirst, verlasse den Raum und lasse die Emotionen abkühlen.
- Ein schnell eskalierender Streit kann eine jahrelange enge Beziehung innerhalb weniger Minuten zerstören. Tue alles, damit das nicht passiert.
- Sei die größere Person, entschuldige dich und komme deinem Freund mit Wohlwollen entgegen.
- Trage keine Reue über vergangene Streitigkeiten mit dir durch das Leben.
- Sei stets der Erste, der die Verantwortung für die Versöhnung übernimmt.
- Wenn du all das getan hast und die Person doch nicht Ruhe geben will, liegt das nicht mehr in deiner Verantwortung.

AUFGABE:

- Gibt es eine Person, mit der du Streit hattest oder aktuell noch hast, und es ist etwas, was dich belastet? Dann mache Folgendes:

    Nimm dir ein Blatt Papier und schreib ihr handschriftlich einen Brief mit all dem, was du ihr immer sagen wolltest. Schreibe dabei so emotional, wie du dich fühlst. Danach wirst du diesen Brief allerdings nicht abschicken, du wirst ihn beiseitelegen und zwei Tage ruhen lassen. Nach diesen zwei Tagen liest du deinen Brief und schreibst dir einen Antwortbrief aus der Perspektive der anderen Person, in welcher du dich in deren Lage versetzt und versuchst, die Situation aus ihrer Sicht zu sehen. Bringe dabei auch Dinge in den Brief ein, die du gerne von der anderen Person gehört hättest, zum Beispiel eine Entschuldigung oder eine Rechtfertigung.

Diese Übung dient dazu, die in dir aufgebauten Emotionen abzubauen und den Ballast hinter dir zu lassen. Nachdem du deine negativen Emotionen heruntergeschrieben hast, nimm Kontakt mit der Person auf, sprich die Situation mit ihr offen an und lasst die Streitigkeiten hinter euch.

3.16 LÜGEN UND MANIPULATION

Die meisten Menschen lügen rund zweihundertmal am Tag. Auch wenn jeder von uns intuitiv kein gutes Gefühl beim Lügen hat, machen es dennoch viele. Wir rechtfertigen uns gerne damit, dass Lügen so etwas sind wie der „Klebstoff", der das soziale Gefüge zusammenhält. Wir reden uns also ein, dass auch das Lügen in der Gesellschaft irgendwo seinen Sinn hat. Ich vertrete eine komplett andere Meinung:

Lügen sind der Teufel. Genauso verhält es sich mit Manipulation.

Natürlich kannst du klar durchdacht ein Lügennetz aufbauen und bestimmte strategische Lügen sowie Manipulationen bei anderen Menschen anwenden, nur musst du dich dann auch fragen, welche Art von Beziehungen du damit aufbaust? Wenn du eine Freundschaft, eine Bekanntschaft oder eine andere Art von Beziehung von Anfang an darauf basierst, dass du die andere Person hinters Licht führst, dass du versuchst, die andere Person zu manipulieren oder ein bestimmtes Bild abzugeben von einer Person, die du gar nicht bist, wie kann man dann überhaupt von einer echten Freundschaft sprechen? Fakt ist: Lügen und Manipulation können keine engen Beziehungen aufbauen. Seien es Freundschaften, Liebesbeziehungen, vertrauensvolle Geschäftsbeziehungen oder andere Arten von Bekanntschaften. Häufig schauen wir uns nur eine Seite des Lügens an. Nämlich dann, wenn es gut geht (und lügen geht von Zeit zu Zeit auch gut), aber es geht eben nur so lange gut, bis es nicht mehr gut geht. Was passiert, wenn wir jemanden bei einer kleinen oder größeren Lüge erwischen? Genau, wir verlieren das Vertrauen. Es braucht unter Umständen Jahre, um ehrliches, tiefes Vertrauen aufzubauen, aber nur wenige Sekunden, um es für immer zu zerstören. Von daher, warum sich selbst diese zusätzliche Last auferlegen und ständig schauen, dass das eigene Lügengeflecht oder subtile Manipulationen nicht auffliegen? Vermeide es einfach von Anfang an. Sag die Wahrheit, denn Lügen haben kurze Beine.

Zudem sollest du dich, wenn du jemand bist, der regelmäßig lügt, einmal fragen, was du genau in die Freundschaft investierst. Du investierst Lügen in die Freundschaft. Wenn du lügst, was lässt dich dann glauben, dass der Andere es nicht dir gegenüber ebenso macht? Gerade in unserem sozialen Umfeld bekommen wir nicht das, was wir wollen, sondern das, was wir verdienen. Wir ziehen genau das an, was wir sind. Wenn die Angewohnheit, regelmäßig zu lügen, Teil unserer Persönlichkeit ist, dann wird sich dies auch in unserem Freundeskreis zeigen.

ZUSAMMENFASSUNG:

- Auf Lügen und Manipulation können keine echten Beziehungen aufgebaut werden.
- Du kannst jahrelang eine vertrauensvolle Beziehung aufbauen und sie mit nur einer einzigen Lüge ruinieren. Das ist es nicht wert. Vermeide es von vorneherein und sag die Wahrheit.

AUFGABE:

- Das hier könnte vielleicht ein wenig unangenehm für dich werden, denn ich möchte dich fragen: Warst du einem Freund gegenüber schon einmal unehrlich? Mit einer kleinen oder großen Lüge? Triff dich mit ihm oder ruf ihn an und beichte es ihm. Ja, das wird wahrscheinlich nicht einfach, doch können wir es wirklich eine echte Freundschaft nennen, wenn du ihm irgendwo auf dem Weg der Freundschaft eine größere Lüge erzählt hast und nicht ehrlich zu ihm warst? Ist es dann wirklich eine authentische Beziehung? Zudem beobachte dich die nächsten sieben Tage und schau, wo du im Alltag kleine Lügen einbauen willst. Ertappe dich dabei und verzichte darauf – auch auf kleine „Notlügen".

3.17 LÄSTERN

Keiner mag Lästereien, doch jeder lästert irgendwann einmal. Es ist so, als hätten wie eine Hassliebe dem Lästern gegenüber.

Wenn wir uns das Ganze evolutionspsychologisch anschauen, dann hat Lästern sogar einen Sinn. Es ist wie ein System, das dafür sorgt, dass niemand zu weit aus der Reihe tanzt und niemand zu sehr die sozialen Normen bricht. Wenn wir in der heutigen Zeit jedoch ehrliche und authentische Beziehungen aufbauen wollen, dann wird uns lästern überhaupt nichts bringen. Im Gegenteil, es wird den Prozess, echte Freundschaften aufzubauen, sogar verlangsamen. Daher ist es für unsere Zwecke komplett nutzlos. Warum? Das möchte ich dir an zwei Punkten aufzeigen.

Betrachten wir das Ganze pragmatisch: **Lästern ist schlicht und einfach Zeitverschwendung.** Das Leben ist zu kurz, um mit einem Bekannten oder einem Freund über einen anderen Bekannten oder Freund herzuziehen und ihn schlechtzumachen. Das Leben ist ganz einfach zu kurz, denn eines Tages werden du und ich, jeder den du kennst, tot sein. Ja, ich weiß, es ist nicht unbedingt die schönste Nachricht, doch unsere Zeit hier ist begrenzt. Warum sollten wir dann auch nur eine Sekunde damit verschwenden, eine andere Person, die wir kennen, hinter ihrem Rücken fertigzumachen?

Des Weiteren ist es höchst ansteckend. Wenn du einmal anfängst zu lästern, dann werden wahrscheinlich auch die Leute, mit denen du Zeit verbringst, anfangen zu lästern und es verstärkt sich gegenseitig. Es ist ein bisschen wie ein Konflikt. Sobald eine Person anfängt, wütend zu werden und die andere Person sich in diese Wut mit hineinziehen lässt, schaukelt sich der Konflikt auf und eskaliert weiter. Genauso ist es hier. Fangen Bekannte von dir an zu lästern, wirst du wahrscheinlich mit der Zeit auch einsteigen.

Warum lästern überhaupt so viele Leute? Einer der Gründe ist, um ihr eigenes Selbstwertgefühl aufzubauen, indem sie jemand anderen niedermachen. Doch das ist immer der falsche Weg. Das eigene Selbstwertgefühl aufzubauen kann niemals dadurch passieren, dass du andere Gebäude niederreißt, um selber das größte Gebäude zu haben. Nein, wenn du mehr Selbstvertrauen haben möchtest, dann baue das größte Gebäude der Stadt und reiße nicht andere Gebäude nieder. Kurz gesagt, erbringe wirkliche Leistung und mache nicht andere Leute nieder, nur um dich kurzfristig besser zu fühlen.

Der zweite, sehr wichtige Aspekt ist die Beziehungssicht. Welches Bild projizierst du von dir gegenüber der Person, mit der du gerade redest? Wenn du dich ihr so präsentierst, dass du automatisch mit ihr über andere Bekannte oder andere Freunde lästerst, was glaubst du, was dein Gesprächspartner für ein Bild von dir hat? Wer gibt ihm denn die Sicherheit, dass du nicht, sobald er weg ist, auch über ihn redest? Und wer gibt dir die Sicherheit, dass es nicht umgekehrt ebenso ist? Angesichts dessen folge ich einer pragmatischen Regel: Sag nichts hinter dem Rücken einer Person, es sei denn, du bist bereit, es ihr ins Gesicht zu sagen.

Auch fällt lästern wieder auf die Größe deiner Persönlichkeit zurück. Menschen, die regelmäßig lästern, haben offensichtlich eine begrenzte Weltsicht und meistens keine wirklich eindrucksvolle Persönlichkeit. Wärst du mit deinem Leben, deinen Beziehungen, deiner Karriere, deinen Hobbys, mit dem Leben, das du dir aufgebaut hast, zufrieden, warum solltest du dann auch nur eine einzige Sekunde damit verschwenden, andere Leute niederzumachen? Ganz genau, du würdest es nicht tun. Weil du Wichtigeres zu tun hast, weil du zu glücklich bist, weil du zu erfüllt bist und weil deine Prioritäten einfach woanders liegen. Denk doch einmal daran, wer dir bei dem Wort lästern in den Kopf kommt. Es sind bestimmt nicht eindrucksvolle Persönlichkeiten wie Elon Musk, Warren Buffet, der Dalai Lama oder eine andere Persönlichkeit, die etwas Großes in der Welt geschaffen hat, sondern eher die Leute, die nicht ganz so auf ihre persönliche Entwicklung achten und sich lieber auf andere Menschen fokussieren, als darauf, etwas auf dieser Welt zu bewegen. Zu welcher Gruppe von Menschen möchtest du gehören? Du entscheidest.

ZUSAMMENFASSUNG:

- Lästern ist nutzlos, wenn du echte authentische Beziehungen aufbauen möchtest.
- Die pragmatische Sicht ist: Es ist Zeitverschwendung.
- Welches Bild von dir gibst du der anderen Person, wenn du mit ihr über jemanden lästerst?
- Wer gibt dir die Sicherheit, dass dann nicht auch andere über dich lästern?
- Menschen, die lästern, haben eine begrenzte Weltsicht und meistens keine eindrucksvolle Persönlichkeit.
- Menschen, die etwas in der Welt bewegen, haben weder Zeit noch Lust zu lästern.

AUFGABE:

- Jetzt sei ehrlich zu dir: Wann hast du das letzte Mal über eine Person gelästert? Stelle dir einmal vor, diese Person hätte über dich gelästert. Wirklich übles Zeug, was dir wirklich den Magen umdreht. Wie fühlst du dich dabei? Möchtest du, dass einer deiner Freunde oder Bekannten sich so fühlt, wenn er herausfindet, dass du über ihn lästerst?

  Wenn du merkst, dass du das Verlangen hast zu lästern, oder jemand anders damit anfängt, sprich es an. Sag, dass du es nicht gut findest und lass es sein. So trainierst du mit der Zeit dein Umfeld ebenfalls darauf, dass du diese Art von Verhalten nicht tolerierst.

3.18 RADIKALE EHRLICHKEIT

In diesem Kapitel möchte dich dir **das Konzept der radikalen Ehrlichkeit** des amerikanischen Psychologen Brad Blanton vorstellen. Nach seiner Auffassung resultieren die meisten unserer psychologischen Stressoren aus dem Lügen. Sowohl davon, uns selbst zu belügen, als auch andere anzulügen, wozu das Zurückhalten von Informationen ebenfalls zählt. **Das heißt, der beste Weg, um enge Beziehungen aufzubauen, ist, von Anfang an radikal ehrlich zu sein.** Genauso wie Authentizität ist radikale Ehrlichkeit eine Grundlage für echte Beziehungen.

Wo ist jetzt aber der Unterschied zur Authentizität? Lass es mich dir erklären. Authentizität ist der vollkommene Ausdruck deiner Persönlichkeit. Radikale Ehrlichkeit hingegen bedeutet, dass du Freunden gerne einmal eine unangenehme Wahrheit ins Gesicht sagst, auch wenn sie das vielleicht nicht gerne hören wollen. Als Freund ist eine deiner Verantwortungen, dass du das meiste Potenzial aus deinen Freunden herausholst. Dass du ihnen die Wahrheit sagst, wenn sie etwas tun, was dich stört. Dass du ihnen dabei hilfst, ihre Ausreden zu eliminieren und dass du ihnen ermöglichst, mit dir gemeinsam ein authentisches Leben zu führen.

Einer der größten Bereiche, wo du diese radikale Ehrlichkeit anbringen musst, ist bei Dingen, die dich stören. Wir haben zwei Kapitel weiter vorne über das Lügen gesprochen. Gerade wenn dich eine Verhaltensweise oder irgendetwas anderes an einem Freund stört, auch wenn es nur eine Kleinigkeit ist, sprich sie sofort an. Das sind die Momente, in denen es darauf ankommt, radikal ehrlich zu sein. „Ja, aber dann riskiere ich es doch, einen Streit vom Zaun zu brechen?", fragst du mich jetzt vielleicht. Nein, genau das Gegenteil ist der Fall. Sieh es einmal so: Wenn du alle diese Kleinigkeiten, die dich eigentlich stören, herunterschluckst und dir sagst, dass es ja gar nicht so schlimm ist, dann fängst du an, all diese Kleinigkeiten mit dir herumzutragen und hegst gegenüber der Person nach einiger Zeit sogar einen Groll. Du fängst an, ein anderes Bild von ihr zu formen und nimmst sie nicht mehr so wahr wie vorher. Deine positive Sichtweise von ihr wird womöglich von den negativen Erfahrungen, die du nicht angesprochen, sondern einfach heruntergeschluckt hast, verfärbt. Dies kann eurer Freundschaft schaden.

Was ist die Folge davon? Wenn du all diese Kleinigkeiten nicht ansprichst, dann gibt es irgendwann eine riesige Explosion. Es braucht nur diesen einen kleinen Moment, der das Fass zum Überlaufen bringt – schon explodierst du unkontrolliert. **So ein Ausraster kann eine vertrauensvolle Beziehung für immer zerstören.** Das kannst du vermeiden, indem du nicht darauf wartest, bis eine riesige Explosion entsteht, sondern indem du viele kleine Entladungen, die jeweils keinen großen Schaden anrichten können, bewusst geschehen lässt. **Sprich es darum jedes Mal, wenn dich etwas stört, sofort an, anstatt es herunterzuschlucken.** Diese Methode ist viel besser als zu warten, dass alle paar Wochen, Monate oder Jahre eine riesige Explosion eurer Beziehung nachhaltig schadet.

ZUSAMMENFASSUNG:

- Sei radikal ehrlich, insbesondere bei Dingen, die dich wirklich stören.
- Je mehr und je länger du Kleinigkeiten runterschluckst, desto wahrscheinlicher ist es, dass sie irgendwann in einer großen Explosion zum Vorschein kommen.

3.19 DIE KUNST, TAKTVOLL ZU SEIN

Wie du in diesem Buch vielleicht schon gemerkt hast, hat jede Medaille zwei Seiten. Das gilt auch für die radikale Ehrlichkeit. Natürlich solltest du radikal ehrlich sein und niemals lügen, trotzdem möchte ich dich auf ein sehr wichtiges Zitat hinweisen:

„Honesty without empathy is cruelty."

Ehrlichkeit ohne Empathie ist Grausamkeit. Stelle dir einmal vor, du bist grundsätzlich vollkommen radikal ehrlich und drückst jederzeit das aus, was du denkst, fühlst und machen willst. Wahrscheinlich würdest du dir in kurzer Zeit nicht nur deine Karriere ruinieren, sondern auch deine Beziehungen, deine Freundschaften, so ziemlich alles. Wie bei allem im Leben gibt es auch hier zwei Pole, zwischen denen man für sich selbst die richtige Balance finden muss.

Die beiden Pole sind auf der einen Seite radikale Ehrlichkeit und auf der anderen Seite Empathie. Wie du die notwendige Balance findest, das kann ich dir in diesem Buch leider nicht beibringen. Es ist etwas, wofür du ein Gefühl entwickeln musst. **Dein Ziel sollte es sein, auf der ehrlichen und authentischen Seite zu sein und stets das Wohlwollen der anderen Person im Sinn zu haben**, dabei jedoch nicht so weit ins Extrem zu gehen, dass du der Person wirklich wehtust.

Ein kleines Beispiel, das ich dir dazu geben möchte, ist von einem meiner Coaching-Klienten. Dieser hat mir eine Geschichte aus seinem Umfeld in der Universität erzählt, wo er gerade etwas von verschiedenen Beziehungskonzepten gelernt hatte. Er hatte dabei auch zum ersten Mal etwas vom Beziehungskonzept der Abhängigkeit gehört, dass also viele Menschen ganz einfach in einer Beziehung sind, weil sie von der anderen Person abhängig sind. **Sobald wir eine neue Information lernen, fängt unser Kopf natürlich an, dieses Muster überall zu sehen.** Siehe da, er entdeckte dieses Muster der gegenseitigen Abhängigkeit bei einer Mitstudentin. Was machte er? Er sagte ihr radikal und brutal ins Gesicht: „Du bist mit deinem Freund ja eh nur zusammen, weil du es alleine nicht aushältst und du von ihm abhängig bist." Kannst du dir ihre Reaktion vorstellen? Sie war zutiefst beleidigt und fing an zu weinen. Das ist ein perfektes Beispiel dafür, wo das Konzept der radikalen Ehrlichkeit zwar wortwörtlich genommen wird, die Empathie jedoch vollkommen fehlt.

Wenn du radikal ehrlich bist, dann sei dabei jedoch immer taktvoll und wäge genau ab, ab wann du der Person zu nahetrittst.

ZUSAMMENFASSUNG:

- Ehrlichkeit und Empathie gehören zusammen.
- Ehrlichkeit ohne Empathie ist Grausamkeit.

4. Kapitel

NETZWERK AUFBAUEN UND PFLEGEN

4.1 DIE OPTIMALE ANZAHL AN FREUNDEN

Was ist die optimale Anzahl an Freunden? Vielleicht hast du dir diese Frage auch schon gestellt. Die Antwort ist jedenfalls recht simpel. Es gibt generell keine optimale Anzahl. Es gibt nur die für dich optimale Anzahl. Daher sollte dein Ziel auch nicht sein, möglichst viele Freundschaften zu schließen, sondern die richtigen Freundschaften.

Denn was bringen dir fünfhundert Freunde, wenn du keinem davon wirklich vertraust oder ihn liebst, wenn du stattdessen fünf Freunde haben könntest, die alles für dich tun würden und für die du alles tun würdest. Was für dich die optimale Anzahl von Freunden ist, ist eine Frage, die nur du beantworten kannst. Je nach Persönlichkeitstyp wird diese Anzahl sehr unterschiedlich aussehen.

Wenn du nicht viele Freunde und Bekannte haben willst, sondern nur einige wirklich gute – super! Dann baue dir einen Freundeskreis auf, der genauso aussieht. Möchtest du hingegen enorm beliebt sein, Hunderte, vielleicht sogar Tausende Leute kennen und egal wo du hingehst ein großes Netzwerk zur Verfügung haben – ebenfalls super! Dann tu genau das. Ich kenne Leute, die es lieben, im Mittelpunkt zu stehen, ein großes Netzwerk zu haben, aber genauso gibt es Leute, die es lieben einen Großteil ihrer Zeit alleine und einen kleineren Teil mit ihren drei besten und häufig auch einzigen Freunden zu verbringen. Was ist das Richtige? – Es gibt kein richtig oder falsch, es gibt nur, das, was für dich richtig ist.

Finde selbst heraus, womit du dich wirklich wohlfühlst. Misch dich viel unter Leute und probiere verschiedenste Arten des Zusammenlebens aus. Dabei möchte ich besonders Letzteres wirklich betonen: **Probiere verschiedene Dinge aus, um herauszufinden, was wirklich zu dir passt.** Geh auf Partys, geh auf Seminare, hab gemütliche Abende in kleiner Runde, unternimm abenteuerliche Ausflüge mit nur einem einzigen Freund. Probiere es aus, viel Zeit alleine zu verbringen, probiere es aus, viel Zeit mit einer Person zu verbringen. Probiere es aus, viel Zeit mit mehreren Personen oder einer großen Gruppe zu verbringen. Nur so findest du wirklich heraus, was dir gefällt. Dabei ist es auch sehr wichtig zu lernen, auf deine innere Stimme zu hören. Hör auf das, was dein Herz dir sagt. Gerade in der heutigen Welt von Social Media ist es extrem leicht, die Erfolgsvorstellungen von jemand anderem für sich selbst zu übernehmen. Es kann passieren, dass du jemanden siehst, der unglaublich populär und beliebt erscheint, und du dir denkst: „Ja! Genau das brauche ich auch, um glücklich zu sein." Doch eigentlich sehnst du dich nach wenigen engen Freundschaften.

Lerne es, auf deine innere Stimme zu hören und erkenne an, dass dir niemand vorgeben kann, wie dein Leben auszusehen hat. Erst recht nicht, wie eines der wichtigsten Dinge in deinem Leben aussehen sollen, nämlich deine Freundschaften.

ZUSAMMENFASSUNG:

- Es gibt keine optimale Anzahl an Freunden, es gibt nur den Freundeskreis, der dich wirklich glücklich macht.
- Finde selbst heraus, was zu dir passt und probiere verschiedene Dinge aus.
- Lerne es, auf deine innere Stimme zu hören und das anzustreben, was dich wirklich glücklich macht.

AUFGABE:

- Nimm dir jetzt ein paar Minuten Zeit und überlege dir, wie dein Freundeskreis aussehen soll. Welche Freundschaften möchtest du haben? Möchtest du eher viele Leute gut kennen oder verbringst du lieber Zeit in kleinerer Runde und hast wenige enge Freunde? Oder hast du vielleicht eine ganz andere Vorstellung? Welche auch immer es ist, versuche zu erkennen, wie dein Wunsch aussieht.

4.2 DU BIST NICHT ALLEIN!

Gerade am Anfang meiner Reise habe ich mich sehr alleine gefühlt. Ich dachte ich wäre der Einzige, der so tickt, so denkt und die Welt so sieht wie ich. **Als wäre ich irgendwie anders als alle anderen.** Vielleicht kennst du dieses Gefühl auch? Irgendwie habe ich mich in dieser Rolle sogar wohl gefühlt. Bis ich eines Tages erkannt habe, dass es enorm viele Menschen gibt, die so sind wie ich. Genau das möchte ich dir auch mitgeben: **Du bist nicht allein.**

Im Endeffekt möchte jeder Mensch da draußen neue Leute kennenlernen, denn neue Kontakte bereichern das Leben. Viele Menschen sind gelangweilt von ihrem Bekanntenkreis, sind gelangweilt von ihrem Job **– vielleicht sogar gelangweilt von ihrem Leben**. Trotz alledem trauen sich nur überraschend wenige, aktiv etwas daran zu ändern. Nur wenige reagieren auf den Impuls, zum Beispiel durch ein hilfreiches Buch, und nehmen ihr Leben künftig aktiv in die Hand. Leider werden die meisten nicht einmal ein Buch wie dieses hier lesen. Das bedeutet für dich im Endeffekt: **Wenn du nicht aktiv wirst, dann macht es fast keiner.** Kaum jemand da draußen wird hinaus in die Welt gehen, um andere Leute kennenzulernen. Obwohl jeder neue Leute kennenlernen möchte. Paradox, nicht wahr?

Das Schöne daran ist, egal was du suchst, es gibt genug Leute, die ähnliche Interessen haben und sich mit dir enorm gut verstehen werden. Egal wie ausgefallen dein Hobby ist. Selbst wenn dein Hobby ist, an der Nordsee Muscheln zu sammeln und ein tägliches Blog darüber zu schreiben, es wird Leute geben, die das mögen. Ganz egal was du suchst oder wonach du dich sehnst, du bist nicht allein. Es gibt Gleichgesinnte da draußen. Dank des Internets ist es heutzutage einfacher als je zuvor, diese Leute zu finden.

Zudem brauchst du ja nicht sofort hundert gleichgesinnte Menschen kennenzulernen, sondern nur eine einzige Person. **Das Einzige, was du brauchst, ist einen Fuß in die Tür zu bekom-**

men. Von da aus kommst du einen Schritt weiter, dann noch einen Schritt und noch einen Schritt … Wenn du eine Person kennst, die das gleiche Hobby hat wie du, ein gleiches Interesse hat oder mit der du dich sonst irgendwie verstehst, kannst du davon ausgehen, dass diese auch noch andere Menschen kennt, die sich mit dir sehr gut verstehen würden und die sie dir sicher bereitwillig vorstellen würde.

ZUSAMMENFASSUNG:

- Ganz egal, wer du bist, was deine Ziele und Hobbys sind, es gibt genug Leute da draußen, die sich freuen, dich kennenzulernen.
- Jeder Mensch will neue Leute kennenlernen, doch die wenigsten tun es aktiv. Wenn du es nicht machst, dann macht es fast keiner. Gehöre zu den Mutigen!
- Du brauchst nicht Dutzende Menschen kennenlernen, sondern nur einen. Bekomme nur einen Fuß in die Tür und die Welt steht dir offen.

4.3 LANGFRISTIG IST BESSER ALS KURZFRISTIG

Leider ist es immer noch Teil unserer menschlichen Programmierung: kurzfristiges Denken. Wir haben dieses kurzfristige Denken dem ältesten Teil unseres Gehirns zu verdanken: dem sogenannten Reptiliengehirn, dem Stammhirn. Beziehungen und Freundschaften sind jedoch kein kurzfristiges, sondern ein möglichst langfristiges Unterfangen. Gerade in diesem Bereich führt kurzfristiges Denken immer zu schlechten Ergebnissen. Hör auf, in wenigen Tagen oder Wochen zu denken, sondern beginne, in Monaten und Jahren zu denken. Beginne, in einem Jahr zu denken, in zwei Jahren, in Zehnjahresabschnitten und stell dir vor, wie dein Leben dann aussehen soll. Es ist ja nicht so, als würdest du auf dem Weg dorthin keine Fortschritte machen. Im Gegenteil: Du wirst auf dem Weg zu deinen Zielen, die du dir für die nächsten ein, fünf oder zehn Jahre gesetzt hast, die ganze Zeit Fortschritte machen.

Dazu möchte ich eine kleine Geschichte aus meinem Leben erzählen. Mit dreizehn Jahren fing ich an, Gitarre zu spielen, und ich hatte klare Ziele, welche Songs und Musikstücke ich in fünf Jahren spielen möchte. Auf dem Weg dahin habe ich viele Dinge gelernt, die mich diesem Ziel näherbringen sollten. Nach den ersten paar Monaten waren die Songs, die mir am Anfang noch schwerfielen, plötzlich ein Kinderspiel. Weil ich das größere Ziel von fünf Jahren hatte, habe ich kleinere Ziele, auf die ich mein Augenmerk gar nicht mehr gesetzt hatte, viel schneller erreicht. **Setze dir also ein langfristiges Ziel und du wirst deine kurzfristigen Ziele sehr viel leichter erreichen!** Das Schöne daran ist auch, du hörst auf zu hetzen, dir Stress zu machen oder dich anderweitig unter Druck zu setzen, bloß um sofort deine Ziele erreichen zu können.

Bei Beziehungen ist es ähnlich: Ohne langfristiges Ziel kannst du dir sogar die ein oder andere potenziell gute Freundschaft verderben. Betrachte also Freundschaften langfristig. **Was eine Beziehung in Zukunft für dich bereithält, weißt du vorher nie**!

Dazu passt eine kleine Geschichte von mir und meinem guten Freund Daniel. Ich kannte einen anderen Freund, Alex, bereits seit 2012 und wir hatten über die Jahre hinweg mal mehr und mal weniger Kontakt. Als wir 2015 ein wenig mehr Zeit miteinander verbrachten, erzählte er mir von Daniel, einem guten Freund von ihm und meinte: „He, ihr solltet euch unbedingt mal kennenlernen." Also hat er uns beide in Verbindung gebracht und wir trafen uns. Natürlich haben wir uns, es war ja auch nicht anders zu erwarten, sehr gut verstanden, uns mehrere Male getroffen und sind später sogar zusammen mit einem weiteren Freund nach Thailand geflogen, um dort mehrere Wochen zu leben. Über diesen Besuch in Thailand lernte ich einen anderen Freund kennen, Rico, mit dem ich 2017 einige Wochen durch Osteuropa getourt bin und ohne den die Veröffentlichung dieses Buches beispielsweise gar nicht möglich gewesen wäre.

Also wie du siehst, eine gute Bekanntschaft, die ich vor einem halben Jahrzehnt gemacht habe, hat über fünf Jahre indirekt zu so vielen neuen tollen Freundschaften und wunderbaren Erlebnissen geführt, die bei kurzfristigen Denken niemals zustande gekommen wären.

Höre also auf, deine Beziehungen und das Spiel des Lebens kurzfristig zu sehen, und entwickele stattdessen eine langfristige Perspektive. **Die meisten Leute überschätzen, was sie in einem Jahr erreichen können, und unterschätzen drastisch, was sie in zehn Jahren erreichen können**.

ZUSAMMENFASSUNG:

- Das Leben und seine Beziehungen sind kein kurzfristiges, sondern ein langfristiges Spiel.

- Kurzfristiges Denken kann kurzfristig sehr profitabel sein, langfristig führt es immer zu schlechten Ergebnissen.
- Auf dem konsequenten Weg zu deinen langfristigen Zielen wirst du überraschend schnell viele kleine Fortschritte machen.
- Die meisten Leute überschätzen, was sie in einem Jahr erreichen können, und unterschätzen, was sie in zehn Jahren erreichen können.

AUFGABEN:

Reflektiere, wo du deine Ziele noch viel zu kurzfristig angehst. Definiere stattdessen deine Ziele für die nächsten vierundzwanzig Monate.

- Welche Person möchtest du am Ende dieser zwei Jahre sein?
- Welchen Freundeskreis möchtest du haben?
- Wie sollen deine Beziehungen aussehen?
- Was für Menschen möchtest du kennengelernt haben?

4.4 DIE RICHTIGEN ORTE

Jetzt, wo du dir dazu ein paar Gedanken gemacht hast, wie dein Freundeskreis aussehen soll, wird es Zeit, dass du dich an die Orte begibst, an denen die Wahrscheinlichkeit enorm hoch ist, dass du Leute findest, die zu dir passen und mit denen du gerne Zeit verbringen magst. Das ist zum Glück heutzutage einfacher als je zuvor. **In fast jeder Stadt wirst du Seminare, Vorträge, Partys, Meetups, Clubs, Restaurants, Cafés, Bars, Studios, Vereine oder andere Zusammenschlüsse von Menschen zu genau deinen Interessen finden.** Das heißt im Umkehrschluss, dass du in deiner Stadt nur die Orte und Veranstaltungen entdecken musst, wo du Leute findest, die dir gleichgesinnt sind oder die du unbedingt kennenlernen möchtest.

Dazu musst du dir im ersten Schritt bewusst machen, welche Leute du kennenlernen möchtest. Möchtest du vielleicht Menschen mit **gleichen Hobbys** kennenlernen? Möchtest du bewusst Menschen mit **anderen Hobbys** kennenlernen? Möchtest du Menschen aus **deiner Branche** kennenlernen oder Leute aus **anderen Branchen**? Bist du vielleicht ein sehr **künstlerischer Typ** und möchtest dich mehr mit **Geschäftsleuten** umgeben? Oder das genaue Gegenteil: Du bist ein schon in jungen Jahren ein erfolgreicher **Online-Unternehmer** und du möchtest dich mehr mit **Kreativen** umgeben, weil dich ihre Lockerheit anzieht?

Vielleicht hast du jetzt noch gar keine Ahnung, wo du überhaupt anfangen sollst. **Der einfachste Weg führt über das Internet.** Egal, welches Problem wir heute haben oder welches Ziel wir erreichen wollen, wir können es googlen und Google wird die Antwort für uns ausspucken. Wenn du also Leute kennenlernen möchtest, die eine bestimmte Sportart als Hobby haben, dann google einfach, wo du Vereine oder Veranstaltungen zu dieser Sportart in deiner Stadt oder deiner Region findest. Du möchtest Leute aus einem bestimmten Geschäftsbereich kennenlernen? Dann tu genau das Gleiche. Du möchtest Leute mit einem ganz anderen Hobby kennenlernen? Hier hilft dir Google ebenfalls schnell weiter.

Sobald du etwas gefunden hast, brauchst du eigentlich nicht mehr zu machen, als dich zu diesen Veranstaltungen zu begeben. Wenn du das hier so liest, merkst du wahrscheinlich, dass es eigentlich nicht so kompliziert ist, nicht wahr? Doch trotzdem tun es die meisten Leute nicht. Mehr als zu googeln, die richtigen Events und Treffen zu finden und sich dann einfach einmal aufzuraffen dorthin zu gehen, mehr braucht es nicht, um neue Leute kennenzulernen. Hierbei möchte ich auch noch einmal in Erinnerung rufen: Du brauchst nicht sofort zwei Dutzend neue Leute kennenzulernen, es reicht, wenn du nur einen Menschen kennenlernst, mit dem du dich gut verstehst.

Zu diesem Thema wird mir eine Frage häufig gestellt: „Was, wenn ich in einer Kleinstadt oder einem Dorf wohne?". Wenn du dort glücklich bist, bleibe da. Wenn du nicht zufrieden bist: Ganz einfach, zieh weg!

ZUSAMMENFASSUNG:

- Definiere, welche Leute du kennenlernen möchtest und dann finde in deiner Stadt Vereine, Seminare, Partys und andere Events, wo du diese Menschen antriffst. Um herauszufinden, wo und wann, nutze ganz einfach Google.

AUFGABE:

- Definiere, welche Menschen du kennenlernen möchtest. Mach dich schlau darüber, wo du sie in deiner Stadt oder Region finden kannst. Suche nach Vereinen, Partys, Clubs, bestimmten Restaurants, Vorträgen oder Meetups. Dann sei mutig und geh hin!

4.5 FREUNDE IM INTERNET FINDEN

Das Internet gehört zu den wichtigsten Werkzeugen, welche die Menschheit in den letzten Jahrzehnten erschaffen hat. Es verändert viele Branchen, gesellschaftliche Prozesse, die Wirtschaft und beeinflusst natürlich auch das Zwischenmenschliche. Besonders hilfreich ist es, um neue Menschen kennenzulernen, sei es aus privaten, beruflichen oder sexuellen Beweggründen. Dank Internet und Social Media ist dies heutzutage einfacher als je zuvor. Genau da möchte ich auch anfangen.

Für den optimalen Start: Werde auf Social Media aktiv! Wer heutzutage dort nicht aktiv ist, existiert für viele Menschen nicht einmal. Daher fang an, deine Persönlichkeit auf Social Media auszudrücken und dadurch mit der Zeit die richtigen Menschen anzuziehen. So kannst du Leuten sehr schnell ein Bild von dir vermitteln und damit den Prozess des Kennenlernens enorm beschleunigen. Dazu solltest du vor allem drei wichtige Tools nutzen:

1. **Facebook-Gruppen**. Es gibt zu ziemlich jedem Thema, zu jedem Hobby, zu jedem noch so kleinen Interesse oder Ziel mehrere Facebook-Gruppen. Diese sind zum Beispiel nach Themenbereich oder nach Städten sortiert. Suche dir ganz einfach ein paar Facebook-Gruppen heraus, die ein Thema behandeln, das dich interessiert bzw. wo du mit großer Wahrscheinlichkeit die Art von Leuten findest, die du kennenlernen möchtest. Werde dann in diesen Gruppen aktiv! Es geht nicht darum, dass du hier einfach „spammen" solltest nach dem Motto: „Hi, ich muss neue Leute kennenlernen!" Nein, online gelten die gleichen Regeln wie offline. Sei eine interessante, eindrucksvolle Person und drücke deine Persönlichkeit aus. Je besser du das hinbekommst, desto mehr Leute werden auf dich aufmerksam und desto mehr Leute werden dich auch kennenlernen wollen. Besonders hilfreich sind Facebook-Gruppen übrigens, wenn du neu in

einer Stadt oder in einem Land bist. Über die passende Gruppe kannst du schnell die gewünschten Kontakte knüpfen.

2. **Internet-Foren.** Genauso wie es zu jedem Thema Facebook-Gruppen gibt, gibt es zu jedem Thema, zu jedem Interesse und zu jeder Nische diverse Online-Foren. Melde dich dort ganz einfach an und werde auch hier ein aktives Mitglied. Wenn du aktiv bist und ein wertvolles Mitglied der Community wirst, wird es sehr leicht für dich sein, auch dort neue Menschen kennenzulernen.

3. **Die „Meetup"-App.** Diese App ist einer meiner persönlichen Favoriten. Falls du noch nie von der App „Meetup" gehört hast, beschreibe ich sie hier kurz: Es ist eine App, mit der du kleinen oder großen Treffen in unterschiedlichen Städten zu allen möglichen Themen beitreten kannst. Du kannst diesen aber nicht nur beitreten, nein, du kannst auch eigenen Meetups erstellen. Der erste Schritt sollte für dich also darin bestehen, Meetup auf deine persönlichen Interessen zuzuschneiden, dann zu schauen, welche Treffen es in deiner Umgebung gibt und sofort am nächsten Treffen teilzunehmen. Solltest du zu dem Thema, was dich am meisten interessiert oder zu den Leuten, die dich am meisten interessieren, kein Meetup finden, dann kreiere ganz einfach dein eigenes Treffen!

Für dich mag es zuerst vielleicht ein wenig komisch sein, auf diesen Wegen online neue Leute kennenzulernen. Lass mich dir aber drei interessante Beispiele geben, wie dieser Ansatz mein Leben verändert hat:

Zuerst die Facebook-Gruppen. Als ich vor einigen Jahren anfing, mich mit dem Thema Persönlichkeitsentwicklung auseinanderzusetzen, kannte ich natürlich noch niemanden aus dem Bereich. Was habe ich also zuallererst einmal gemacht? Ich habe nach Facebook-Gruppen gesucht, die sich genau mit diesem Thema auseinandersetzen und welche am besten noch aus meiner Region kommen. Recht schnell wurde ich in den Gruppen aktiv und natürlich gab es auch die ein oder andere Veranstaltung und das ein oder andere Seminar, die dort beworben wurden. Diese Seminare oder Veranstaltungen hätte ich ohne die Gruppe komplett verpasst. Ich habe also an ihnen teilgenommen und siehe da, genau über solch eine Veranstaltung habe ich damals sogar einen meiner besten Freunde, Paul, kennengelernt.

Das gleiche habe ich mit Internet-Foren gemacht. Schon in meiner Jugend, als ich Musik gemacht habe, habe ich so neue Musiker kennengelernt und habe über ein Musikerforum einen meiner besten Jugendfreunde und späteres Mitglied einer meiner ersten Bands kennengelernt.

Und zu guter Letzt: die Meetup-App. Ich nutze Meetup sehr gerne, besonders, wenn ich auf dem Weg in eine neue Stadt bin. Eine der ersten Sachen, die ich stets auf dem Weg dorthin mache, ist nach interessanten Meetups zu interessanten Themen zu suchen. Dort besteht immer die Möglichkeit, eine Person kennenzulernen, die dein Leben für immer verändert. Da mir das in der Vergangenheit schon häufig genug passiert ist, nutze ich jede Möglichkeit, die ich bekomme, damit es vielleicht noch einmal passiert. Das beste Beispiel, das ich dir zur App Meetup erzählen kann, ist von meinem guten Freund Daniel. Dieser beschäftigt sich seit einigen Jahren mit dem Verkauf von Produkten über Amazon und wollte in Stuttgart neue Leute kennenlernen, welche genau das Gleiche erfolgreich machten. Auf Meetup fand er jedoch keine Gruppe zu dem Thema und entschloss sich, kurzerhand eine eigene zu gründen. Innerhalb weniger Wochen wuchs diese Gruppe auf über hundertfünfzig Leuten an und er musste sie schließen, da jedes Offline-Treffen mit dieser Masse an Menschen fast schon ausartete.

An diesen Beispielen siehst du also, dass das Internet ein hervorragendes und auch simples Tool ist, um egal zu welchem Themenbereich oder Interessengebiet neue Leute kennenzulernen. Dabei ist jedoch eine Sache enorm wichtig: **Bring diese Bekanntschaften ins echte Leben.** Online-Freundschaften oder -Bekanntschaften sind keine echten Freundschaften. **Wir Menschen sind und bleiben analoge Wesen.** Wir sind keine digitalen Wesen. Wir können mit der digitalen Technik enorm gut arbeiten, doch echte Beziehungen entstehen nur face-to-face, von Angesicht zu Angesicht.

Nutze das Internet also, um neue Leute kennenzulernen, baue dann aber die Beziehung offline aus. Nutze es zudem nicht als Ausrede, um nicht unter Menschen zu gehen, indem du dir sagst, dass du erst einmal nur online Leute kennenlernen willst, bevor du auf Menschen zugehst. Nein! Ich weiß, es ist sehr verlockend, dich hinter einem Bildschirm zu verstecken, gerade wenn du ein wenig zurückhaltender bist. Tu das auf gar keinen Fall! Nutze das Internet als zusätzliche Methode, um neue Leute kennenzulernen, aber dann bringe alles davon in die Offline-Welt und bleibe nicht am Bildschirm kleben.

ZUSAMMENFASSUNG:

- Das Internet ist die einfachste Methode, um schnell neue Leute kennenzulernen.
- Nutze Social Media, Facebook-Gruppen, Foren, die App Meetup und andere Plattformen, die dafür bestimmt sind, neue Leute kennenzulernen.
- Bringe diese Bekanntschaften ins echte Leben. Online kann der erste Kontakt entstehen, doch nur offline entstehen Freundschaften.

AUFGABEN:

Jetzt wird es Zeit für dich zu recherchieren!

- Wo findest du online die Art von Menschen, die du unbedingt kennenlernen möchtest?
- Welche Foren findest du, welche Facebook-Gruppen, welche Meetups gibt es in deiner Stadt?

- Und falls es noch kein Meetup zu einem Thema gibt, das dich interessiert, dann gründe kurzerhand deine eigene Gruppe.

4.6 MACHEN UNS SOCIAL MEDIA WENIGER SOZIAL?

Einige Leute schauen heute immer noch auf Social Media herab. Sie machen Menschen weniger sozial und verändern sie sogar, wird behauptet. Dies ist ein Trugschluss. **Social Media sind wie jedes Werkzeug erst einmal neutral.** Es kommt darauf an, wie du sie nutzt. Wenn du sie klug nutzt und nicht nur einfach als stumpfer Konsument von sinnlosen Status-Updates, Bildbeiträgen oder sonstigen Ablenkungen, **dann können Social Media für dich das wertvollste Tool des 21. Jahrhunderts werden.**

Wie ich dir im vorherigen Kapitel schon berichtet habe, hätte ich ohne Social Media viele meiner Bekannten nicht kennengelernt. Ich persönlich bin in unzähligen Gruppen und Foren aktiv. Außerdem beteilige ich mich in verschiedenen Meetup-Gruppen und habe dadurch wichtige Geschäftskontakte geknüpft, extrem gute Freunde kennengelernt, jahrelange Bekanntschaften geschlossen, Bandkollegen gefunden und konnte großartige Mentoren für mich gewinnen.

Zudem machen es dir Social Media verdammt leicht, mit vielen Menschen Kontakt zu halten und an ihrem Leben teilzuhaben, auch wenn ihr euch schon etwas länger nicht mehr gesehen habt. Was besonders dann wertvoll ist, wenn ihr nicht in der gleichen Stadt wohnt oder vielleicht sogar in unterschiedlichen Ländern.

Ganz egal, wie deine Meinung zu Social Media ist, eine Sache musst du anerkennen: Wir sind im 21. Jahrhundert und Social Media sind ein Teil des Lebens von vielen Milliarden Menschen. Schaue dich einmal um, wie viele deiner Bekannten, Freunde, Arbeitskollegen und der anderen Leute aus deinem Umfeld täglich an ihrem Smartphone sind und wie viel Zeit sie davon auf Social Media verbringen. Schaue dir deine eigenen Verhaltensweisen an. Was ist das Erste, das wir häufig machen, wenn uns langweilig ist? Genau, wir holen das Smartphone heraus und schauen erst einmal, was in den verschiedenen sozialen Netzwerken los ist. Dies ist, wie ich es gerne nenne, das unbewusste Nutzen von Social Media.

Der erste Schritt sollte sein, **dass du soziale Medien und Netzwerke weniger unbewusst passiv konsumierst, sondern anfängst, sie bewusst aktiv zu nutzen.** Nutze sie bewusst, um Kontakte in verschiedenen Foren und Gruppen zu knüpfen und um leichter Kontakte pflegen zu können. Der nächste Schritt ist dann, Social Media bewusst zu verwenden, um dich auszudrücken und um deine Person darzustellen. Damit wirst du vom Konsumenten zum Produzenten. Anfangs mag es eine ungewohnte Umstellung sein, Social Media so zielorientiert zu nutzen. Doch für das Knüpfen von Kontakten sind sie ja eigentlich gedacht. Mit der Zeit wird die aktive Nutzung dann genauso automatisch funktionieren wie das unbewusste Konsumieren der meisten Leute. Nur diese erste Fokusänderung von passiv und unbewusst zu aktiv und bewusst ist das Schwierige.

Vielleicht bist du sogar jemand, der gar nicht auf Social Media aktiv ist, der gar kein Profil auf den verschiedenen Plattformen hat. Dann kann ich dir eine Sache sagen: Für viele Leute existierst du nicht. Wenn wir es genauer betrachten, ist unser Auftritt in sozialen Medien die Visitenkarte des einunzwanzigsten Jahrhunderts, sowohl für private Freundschaften als auch für die berufliche Karriere. Sobald jemand sich deine Präsenz auf den sozialen Medien anschaut, kann er dir sehr schnell bestimmte Eigenschaften zuschreiben und ihr kommt dadurch womöglich viel schneller auf einen gemeinsamen Nenner.

Jetzt sagst du dir vielleicht, dass du diese Selbstdarstellung hasst. Wer sagt, dass du Selbstdarstellung betreiben musst? **Du selbst entscheidest, wie du die sozialen Medien nutzt.** Du selbst entscheidest, was du teilst und was du für dich behältst. Du selbst entscheidest, wie authentisch du dich ausdrücken möchtest, ob du eher auf deinem Profil aktiv sein möchtest oder eher Gruppen und Veranstaltungen nutzen möchtest. Du selbst entscheidest, ob du auch Produzent von interessanten Inhalten werden möchtest – oder ob du sie „nur" nutzt, um aktiv Kontakte zu knüpfen.

Für mich haben Social Media eine besondere Bedeutung, weil meine komplette Karriere ausschließlich darüber begann. Alles, was ich anfangs machen wollte, war, einfache Lektionen über YouTube zu teilen, doch mit der Zeit wurde aus diesem kleinen Hobby meine berufliche Laufbahn als Coach, YouTuber, Unternehmer und Autor. Das heißt natürlich nicht, dass auch du deine Karriere darauf aufbauen musst. Was aber auf jeden Fall sinnvoll ist: Teile dein Leben, teile deine Abenteuer und erzähle Geschichten, die dir passiert sind. Teile deine Kunst, deinen Alltag, deine Highlights – du entscheidest! Eines ist nämlich sicher: Die sozialen Medien sind Teil unseres Lebens und sie werden in absehbarer Zeit nicht verschwinden. Daher solltest du deine Augen nicht davor verschließen, sondern lernen, sie optimal für dich zu nutzen.

ZUSAMMENFASSUNG:

- Die sozialen Medien und Netzwerke sind neutral. Es kommt darauf an, wie du sie nutzt.
- Wir sind im 21. Jahrhundert und die sozialen Medien sind ein unverzichtbarer Teil des heutigen Lebens.
- Du selbst entscheidest, wie du Social Media nutzt.
- Die sozialen Medien sind die Visitenkarte des 21. Jahrhunderts.

AUFGABEN:

- Wie kannst du Social Media aktiv zum Aufbau neuer Kontakte nutzen?
- Wie aktiv warst du bisher als Produzent und nicht nur als Konsument?
- Falls du bislang reiner Konsument bist: Werde vom Konsumenten zum Produzenten und vom Empfänger zum Sender! Auf diese Weise kannst du deine Persönlichkeit stärker auszu-

drücken und anderen Menschen schneller ein aussagekräftiges Bild von dir präsentieren. Erst durch den Rollenwechsel vom Konsumenten zum Produzenten nutzt du das volle Potenzial von Social Media. Die von dir künftig produzierten Inhalte müssen natürlich zu dir passen und authentisch sein.

4.7 QUALITÄT STATT QUANTITÄT

Egal, ob du einen großen Bekanntenkreis und viele Beziehungen haben möchtest oder lieber wenige enge Freundschaften, der Weg dorthin ist der gleiche: Du musst eine Beziehung nach der anderen aufbauen. Viel zu häufig habe ich gesehen, dass Leute Kontakte knüpfen, nur um Kontakte zu knüpfen. Dass sie einen Menschen nach dem anderen kennenlernen, nur um neue Leute kennenzulernen und denken, das wäre das Aufbauen von authentischen Beziehungen. Nein, das ist das absolute Gegenteil, denn du kannst eine Person nur dann wirklich kennenlernen, wenn du präsent mit dieser Person bist. Nur dann kannst du herausfinden, ob du sie magst. Umgekehrt gibst du ihr auch nur so die Chance, dich wirklich kennenzulernen. Wenn dein einziger Fokus darauf liegt, möglichst schnell viele Kontakte zu knüpfen, dann wirst du mental mit der Person nicht verbunden sein und sie lernt dein wahres Ich nicht kennen.

Sei niemals dieser Typ Mensch, der häufig mit dem Begriff „Networking" in Verbindung gebracht wird. Derjenige, der von Person zu Person rennt, nur um Kontakte zu sammeln. Ihm fehlt jegliche Empathie, ihm fehlt jeglicher Respekt der anderen Person gegenüber und seine Achtsamkeit ist überall, nur nicht darauf gerichtet, eine authentische Beziehung mit der anderen Person aufzubauen.

Fokussiere dich stets darauf, die Person, die gerade vor dir steht, wirklich kennenzulernen, anstatt mental schon bei der nächsten oder übernächsten zu sein. Dies ist der Weg, ganz egal, ob du einen großen Freundeskreis haben möchtest, oder ob dein Ziel ist, wenige enge Freunde zu haben. Gib der Person nicht das Gefühl, irgendeine weitere Bekanntschaft zu sein, sondern lass sie spüren, dass sie gerade die interessanteste Person der Welt für dich ist. Nur dann wird sie auch die Möglichkeit haben, dich interessant zu finden.

ZUSAMMENFASSUNG:

- Egal, ob du viele oder wenige Freundschaften haben möchtest, der Weg ist der Gleiche.
- Qualität schlägt Quantität.
- Sei stets präsent mit einer Person, nur so kannst du sie kennenlernen und sie dich.
- Gestalte eine Beziehung nach der anderen.

4.8 DAS GESETZ DER GROSSEN ZAHLEN

Um die Freunde zu finden, die wirklich zu dir passen, wirst du eine ganze Menge Menschen kennenlernen müssen. Dein Ziel ist es ja, nicht nur irgendwelche Menschen kennenzulernen, sondern die Menschen, die dein Leben wirklich bereichern. Diese Menschen nenne ich gerne, so kitschig es auch klingt, **„Goldstücke"**. Warum? Lass es mich dir erklären.

Um das Gesetz der großen Zahlen zu erklären, nutze ich gerne die Goldgräber-Metapher. Stelle dir vor, du bist ein Goldgräber mit einer Spitzhacke und begibst dich in deine Goldmine. Natürlich fängst du an, auf dem Felsen herumzuhacken und das meiste, was dir entgegenkommt, sind Steine. Natürlich möchtest keine Steine, sondern Goldstücke. Also räumst du all die Steine aus dem Weg, denn die brauchst du ja nicht. Von Zeit zu Zeit findest du einen Edelstein und denkst, dass das nicht genau das ist, wonach du suchst, aber dass dich das ebenfalls sehr bereichert. Also behältst du es. Nach langer Arbeit in deiner Goldmine ist es endlich soweit, du findest endlich ein Goldstück oder sogar mehrere!

Genauso funktioniert das mit den Menschen, die du in dein Leben bringen möchtest. Du wirst eine ganze Menge Leute kennenlernen, mit denen die Chemie nicht unbedingt stimmt und mit denen sich keine allzu große Beziehung entwickeln wird. Dies sind die Steine aus der Goldmine.

Von Zeit zu Zeit wirst du dann Menschen finden, mit denen du eine wirklich gute Chemie hast und mit denen du unbedingt Kontakt haben möchtest. Sei es für gute Bekanntschaften, sei es, weil ihr ein gleiches Hobby oder eine ähnliche Karriere habt. Dies sind die Edelsteine. Es sind gute Bekannte, mit denen du es wirklich genießt, Zeit zu verbringen.

Und von Zeit zu Zeit kommen die Menschen, die dein Leben einfach für immer verändern. Jemand, der vielleicht zu deinem besten Freund wird. Jemand, der ein Mentor für dich wird oder jemand, der dein Leben auf irgendeine andere Art und Weise zehntausend Mal besser macht, als es zuvor war. Dies sind die Goldstücke.

Wie du an der Metapher schon siehst, sind dabei zwei Sachen enorm wichtig. Du wirst viele Menschen kennenlernen müssen und du weißt nie, wann du das nächste Goldstück kennenlernst. Hab daher auch keine Eile. Solange du weitermachst, wirst du an diese Goldstücke kommen. Das ist zusätzlich auch enorm wichtig, um zu wissen, welche Menschen du überhaupt magst. Vielleicht hast du eine bestimmte Vorstellung, welche Leute du in deinem Leben haben möchtest, aber in Wirklichkeit fühlst du dich mit einer ganz anderen Art von Mensch viel wohler. Es ist genauso, als würdest du sagen, dass Vanille deine absolute Lieblingseissorte ist, obwohl du erst drei Sorten ausprobiert hast. Eines Tages kommt ein neuer Eishändler in die Stadt, der zwanzig Sorten hat und zum ersten Mal probierst du Stracciatella, Zitrone und Pistazie und merkst, dass dir eine dieser Sorten viel besser schmeckt.

Um zu wissen, was du wirklich möchtest, musst du eine Menge ausprobieren. Es gibt noch einen netten Nebeneffekt beim Befolgen dieser Goldgräbermetapher. Alleine dadurch, dass du viele Menschen kennenlernst, wirst du die meisten deiner Ängste und negativen Gedanken ganz automatisch hinter dir lassen. Du wirst irgendwann merken, dass Ablehnung nichts Schlimmes ist, dass die meisten Menschen super nett sind, dass fast keiner sich so viele negative Gedanken über dich macht, wie dein Verstand es dich manchmal gerne glauben machen möchte, und dass wir einfach so viele Menschen auf Erden sind, dass für jeden die richtigen Freunde dabei sind.

ZUSAMMENFASSUNG:

- Folge der Goldgräbermetapher.
- Um ein paar wertvolle Goldstücke in deinem Leben zu haben, wirst du eine ganze Menge Menschen kennenlernen müssen.
- Erst wenn du viele Menschen kennengelernt hast, weißt du, was für Freunde du wirklich suchst.
- Wenn du so weitermachst, wirst du die meisten deiner Ängste, Unsicherheiten und negativen Gedanken ganz automatisch los.

AUFGABE:

- Mache es dir ab jetzt zur Gewohnheit, jede Woche eine bestimmte Anzahl an neuen Leuten kennenzulernen. So gehst du auf Nummer sicher, dass du nie wieder in alte Muster zurückfällst und stets die Möglichkeit nutzt, neue Goldstücke kennenzulernen.

Ich persönlich habe mich übrigens vor einigen Jahren verpflichtet, jede Woche ein Dutzend neue Menschen kennenzulernen, und habe dadurch einige meiner besten Freundschaften und Bekanntschaften geschlossen.

Also, wie viele neue Leute wirst du ab jetzt wöchentlich kennenlernen?

4.9 FOLLOW-UP – ODER FAIL?

Genau wie beim Gesprächseinstieg das Spiel erst anfängt, beginnt der langfristige Aufbau einer Beziehung erst nach der ersten Begegnung. Vielleicht hast du gerade einen neuen Menschen kennengelernt und möchtest unbedingt weiter mit ihm oder ihr in Kontakt bleiben. Jetzt liegt es an dir, die Beziehung weiter nach vorne schreiten zu lassen. Der wichtigste Punkt dabei ist der Prozess des Follow-ups, des Nachfassens beziehungsweise der Nachbereitung. Dafür nimmst du, nachdem ihr euch kennengelernt habt, zeitnah mit der Person Kontakt auf (z. B. per SMS, WhatsApp, Facebook, Telefon) und entwickelst die Beziehung dadurch weiter.

Eine generelle Faustregel ist die Sieben-Kontakte-Regel. Das heißt, ab dem Zeitpunkt, wo ihr siebenmal Kontakt zueinander hattet, sei es face-to-face oder durch irgendeine andere Interaktion, seid ihr euch in den meisten Fällen vertraut und habt die ersten Grundlagen für eine Beziehung gelegt.

Dabei ist natürlich nicht das Ziel, ganz einfach über Telefon oder Textnachrichten Kontakt zu haben, sondern diese Vorgehensweise dient einzig und allein dazu, weitere Pläne zu machen. Plane eine weitere Verabredung, ein weiteres Treffen, lade ihn oder sie zum Essen, auf eine Party, auf ein Event usw. ein. Nutze es, um eure Beziehung voranzubringen.

Vielleicht ein offensichtlicher Punkt, doch die meisten Leute scheitern genau hier. Sie lernen zwar viele neue Menschen kennen, investieren aber nicht die nötige Zeit, um die Grundsteine für eine Beziehung zu legen. Eine der prägendsten Erfahrungen für mich war dabei ein Bekannter, den ich durch meinen guten Freund Michael vor einigen Jahren kennengelernt habe. Ich habe ihn bei Michael zu Hause getroffen und wir hatten auch einen ganz entspannten Abend mit ein paar weiteren Freunden zusammen. In diesen Situationen fällt dann ja gerne einmal dieser Satz „Wir sollten unbedingt irgendwann einmal etwas zusammen machen" –

und wie oft wird dann wirklich etwas daraus? Genau, recht selten. Bei uns war das anders, denn er hat mich am nächsten Tag einfach aus heiterem Himmel angerufen und gesagt: „Hallo, ich bin gerade in der Gegend. Hast du Lust, eben Mittagessen zu gehen?" Das war für mich ein richtiger Game-Changer. Ich hätte komplett vergessen, so ein Follow-up zu machen, für ihn hingegen war es das Normalste der Welt. So wurden wir innerhalb kürzester Zeit verdammt gute Bekannte.

Also behalte stets im Hinterkopf: Wenn du es nicht machst, dann macht es keiner. Erst recht nicht, wenn es um das Follow-up geht.

ZUSAMMENFASSUNG:

- Die meisten Beziehungen verlaufen im Sande, weil keiner Verantwortung für das Follow-up übernimmt.
- Nutze das Follow-up nicht als Mittel an sich, sondern um aus Interesse weitere gemeinsame Pläne zu schmieden.
- Orientiere dich für das Nachfassen an der Sieben-Kontakte-Regel.

AUFGABE:

- Mache ab heute bei jedem Kontakt, der für dich interessant ist, ein konsequentes Follow-up. Wenn dich die Zahl der Follow-ups anfänglich überfordert, dann reduziere vorübergehend die Zahl deiner neuen Kontakte, damit auch wirklich mit dem Nachfassen hinterherkommst. Sobald Follow-ups für dich zu einer ganz natürlichen Sache geworden sind, dann erhöhe die Zahl der Kontakte wieder.

4.10 DAS ZWEITE, DRITTE, VIERTE, FÜNFTE TREFFEN

Genauso ernst, wie du das Follow-up nimmst, solltest du auch die darauffolgenden Treffen nehmen. **Es liegt in deiner Verantwortung, wie schnell eure Beziehung gedeiht**. Das heißt, sei du der Initiator des zweiten Treffens, des dritten Treffens, des vierten Treffens, ...

„Ja aber, wenn ich das alles mache, dann kommt doch von der anderen Person gar nichts zurück". Das ist eine Ausrede, die ich in diesem Zusammenhang sehr häufig zu hören bekomme. Doch schauen wir uns doch einmal an, welche Menschen in der Regel andere Leute anziehen und welche Menschen in der Regel die besten Freundschaften haben. Es sind die Leute, die auch am meisten in eine Freundschaft investieren. Es sind die, die wirklich aktiv dafür sorgen, dass die Freundschaft gedeiht und nicht einfach nur so vor sich „hinvegetiert".

Sei du also der Initiator und erkenne auch, dass du hier etwas Großartiges aufbaust, was nicht unbedingt von heute auf morgen da ist. **Eine echte Freundschaft, die auf tiefem Vertrauen und tiefer Zuneigung basiert, braucht ihre Zeit**. Genauso, wie wenn du in bessere körperliche Verfassung kommen und dir zum Beispiel ein Sixpack antrainieren möchtest, wird das Ganze einige Monate dauern. Es ist nichts, was von heute auf morgen passiert (auch wenn dir das manche Leute gerne weismachen möchten), sondern es sind die vielen kleinen Gänge zum Fitnessstudio und das ständige Achten auf deine Ernährung, was dich nach einiger Zeit zum Ziel bringt. Genauso sieht es mit einer Freundschaft aus. Es ist das ständige Initiieren, das Investieren in die Beziehung, das Pflegen der Beziehung und das daraus resultierende graduelle Näherkommen von zwei Freunden.

Jedes weitere Treffen eröffnet neue Möglichkeiten. Du kannst unterschiedlichste Dinge mit der Person erleben. **Unter-**

nimm deswegen nicht immer das Gleiche und triff dich nicht immer an den gleichen Orten. Betrachte stattdessen jedes weitere Treffen als kleines Abenteuer. Dies ist nämlich eine der schnellsten Möglichkeiten, um enge Freundschaften aufzubauen: gemeinsam Erfahrungen zu sammeln. Je mehr Erfahrungen ihr zusammen macht, desto näher lernt ihr euch kennen und desto stärker wird eure Verbindung. Sieh es nicht einfach als Zeit zusammen verbringen, um Zeit zusammen zu verbringen an, sondern nimm jede neue Verabredung als kleine Geschichte, die darauf wartet, von euch geschrieben zu werden.

ZUSAMMENFASSUNG:

- Genauso, wie das Follow-up in deiner Verantwortung liegt, sind auch die darauffolgenden Treffen deine Verantwortung.
- Das, was du in eine Freundschaft investierst, bekommst du auch zurück.
- Es sind nicht die Leute, die am meisten von einer Freundschaft erwarten, welche echte Freunde haben, sondern die, die am meisten für ihre Freunde geben.

AUFGABE:

- Ich möchte, dass du jetzt mit zwei oder drei guten Bekannten oder Freunden Kontakt aufnimmst und mit ihnen für diese oder nächste Woche ein Treffen ausmachst.

4.11 EIGENE EVENTS VERANSTALTEN

Wer sagt eigentlich, dass du dich von anderen Events abhängig machen musst? Dass du darauf warten musst, dass eine coole Party geschmissen wird, dass jemand aus deinem Bekanntenkreis dich auf seine Party einlädt oder dass ein tolles Seminar in deine Stadt kommt.

Der einfachste Weg, um schnell viele Menschen kennenzulernen, mit denen du es dann auch genießt, Zeit zu verbringen, ist, deine eigenen Events zu planen und zu veranstalten. Gerade bei diesem Thema haben viele Menschen eine komplett falsche Vorstellung im Kopf. Sie denken, ein eigenes Event zu starten, wäre eine Heidenarbeit und würde auch eine Menge Geld kosten. Nein, so ist es nicht. Im Gegenteil. Was bedeutet es, ein eigenes Event stattfinden zu lassen? Im Endeffekt lädst du eine Handvoll Freunde an einen bestimmten Ort ein, an dem ihr Essen, Trinken und vielleicht ein bisschen Musik habt. Das kann bei dir zu Hause, in einem Restaurant, einem Café, in einer coolen Bar um die Ecke sein oder ihr könnt sogar einen eigenen Raum dafür mieten. Es ist so oder so kein großer Aufwand.

Lass mich dir dazu eine Geschichte aus der Zeit erzählen, in der ich noch in Köln gewohnt habe. Im Sommer 2015 war ich abends noch mit zwei guten Freunde unterwegs, mit Leon und Daniel. Schon lange ging mir das Konzept eines „Wolfsrudels" durch den Kopf, also sprach ich das Ganze an. „Hey Jungs, wäre es nicht super cool, ein kleines Wolfsrudel hier in Köln zu haben? Eine Gruppe von vielleicht sieben, acht Leuten, die alle auf einer ähnlichen Mission sind, und wir pushen uns im Rahmen einer Mastermind-Runde gegenseitig? Wir haben ja nie wirklich Zeit investiert, um hier einen großen Zirkel aufzubauen".

Beide fanden die Idee natürlich klasse. Also haben wir nicht lange gewartet und das erste Treffen für den Donnerstag der darauffolgenden Woche verabredet. Die Aufgabe war, dass jeder von uns eine Person mitbringt, von der er denkt, dass sie in die Runde passen würde. Wir haben uns, da es Sommer war, einfach draußen in einem Park mit ein paar Snacks und etwas zu trinken getroffen. That's it. Nach den ersten paar Treffen wurde dann Jan zum ersten Mal in unsere Gruppe eingeladen. Da er eines der wohl am geschmackvollsten eingerichteten Häuser aller Zeiten besitzt, fand die Mastermind-Runde von da an einfach bei ihm statt. **Schon hatten wir eine kostenlose Location, um die uns auch Event-Profis beneiden würden!**

Bereits nach wenigen Wochen hatten wir also einen festen Ort, eine feste Zeit und eine stetig wachsende Gruppe, die teilweise neun oder zehn Leute umfasste. Dies haben wir über mehrere Monate aufgebaut, bis wir irgendwann an dem Punkt waren, dass wir eine eigene Räumlichkeit hatten, für jeden ein eigenes Ansteckmikrofon zur Verfügung stand, die komplette Mastermind-Runde aufgezeichnet, nachbearbeitet und jedem im Nachgang noch einmal zugeschickt wurde, damit jeder das Besprochene noch einmal in Ruhe durchgehen konnte.

Du siehst also, du brauchst keine großen organisatorischen Fähigkeiten, um deine eigenen Events zu veranstalten. Lade einfach zwei, drei Freunde zu dir nach Hause ein, **sag allen, sie sollen eine Person mitbringen**, die dazu passt, ein paar Snacks sowie etwas zu trinken, und schon bist du fertig. Reserviere einen Tisch in einem Restaurant, geh in eine coole Bar, in ein tolles Café oder setze dich im Sommer sogar einfach nach draußen, wie wir es gemacht haben. Mehr brauchst du nicht.

Damit schlägst du zwei Fliegen mit einer Klappe. Zum einen schauen alle zu dir, denn du bist der Organisator. Wer ist auf einer Party, einem Event oder einer anderen Veranstaltung immer derjenige, den alle kennenlernen wollen? Genau, der Veranstalter! Des Weiteren machst du es dir sehr einfach, interessante neue Leute kennenzulernen. Wenn jeder, der eingeladen ist, nur eine neue Person mitbringt, dann triffst du ja zwangsläufig neue Leute, und diese Menschen sind sogar schon vorgefiltert. Wenn Freunde oder gute Bekannte von dir jemanden mitbringen, handelt es sich dabei um jemanden, mit dem sie sich gut verstehen und mit dem du dich dementsprechend wahrscheinlich auch gut verstehen wirst.

So kommst du auf eine simple Art und Weise auch dem Gesetz der großen Zahlen nach und kannst eine ganze Menge Leute kennenlernen, mit denen du dich wirklich gut verstehst.

ZUSAMMENFASSUNG:

- Warte nicht auf Events von anderen Leuten. Nimm die Zügel selbst in die Hand.
- Du brauchst weder viel Zeit noch Geld noch organisatorisches Talent. Alles was du brauchst, sind zwei, drei andere Bekannte und du kannst loslegen.
- Als Initiator eines spannenden Events steigerst du deinen eigenen Wert als Kontakt und lernst in kürzester Zeit viele neue Leute kennen.

AUFGABE:

- Hör auf, weiter auf die richtigen Events zu warten. Veranstalte einfach dein eigenes Event! Überlege dir ein attraktives Thema, reserviere dir ein Datum für diesen oder nächsten Monat, finde einen Ort, an dem du das Ganze abhalten möchtest und lade zwei, drei deiner Freunde und ihre Bekannten ein. Besonders, wenn du ein solches Projekt über längere Zeit verfolgst, kannst du damit etwas wirklich Großes und Gefragtes aufbauen.

4.12 „TRAINIERE" DEINE FREUNDE

Genauso, wie du deine Freunde untereinander vorstellst (zum Beispiel bei eigenen Events), kannst du sie darauf „trainieren", welche Menschen du kennenlernen möchtest. **Sei derjenige, der seine Freunde fragt, welche Menschen sie kennenlernen möchten.** Vielleicht sucht ein guter Freund von dir neue Musiker- oder Geschäftskontakte oder Leute, mit denen er einem Hobby nachgehen kann. **Sei derjenige, der die Verbindung herstellt.**

Um das Gleiche kannst du deine Freunde bitten. Zum einen frag sie danach, wen sie kennen, den du ihrer Meinung nach kennenlernen solltest, denn wenn ein Freund dich besonders gut kennt, wird er auch wissen, was du magst und was du nicht magst. **Zum anderen kannst du ihnen auch einfach sagen, welche Menschen du kennenlernen möchtest.** Auf diese Weise erfahren deine Freunde ganz direkt, welche Arten von Menschen du gerne mehr in deinem Umfeld haben willst. Sie stellen dir dann Leute vor, bei denen sie genau wissen, dass ihr auf einer Wellenlänge seid. Das machen so ziemlich alle meiner Freunde und ich auf wöchentlicher Basis, wodurch wir es uns extrem einfach machen, viele Leute kennenzulernen, die schon nach gemeinsamer Sympathie vorgefiltert sind.

Achtung! Rein auf der rationalen Ebene funktioniert das Beschreiben von Menschen oft nicht. Stell dir vor, du gehst zu einem deiner Freunde und sagst: „Ich möchte mehr Leute in meinem Umfeld haben, die selbstbewusst und kreativ sind und die etwas aus sich machen wollen." Alle diese Worte, die du aufzählst, bedeuten für euch beide etwas komplett anderes. Das heißt, ihr beide habt abstrakte Bilder im Kopf, die sich nicht zwingend überschneiden müssen. Viel einfacher ist es, wenn du zu einem deiner Freunde gehst und sagst: „Hey, weißt du, ich habe dir ja Peter vorgestellt, ich suche nach mehr Menschen wie Peter, kennst du zufällig jemanden?". Dadurch hat er ein klares emotionales Bild im Kopf, da er Peter persönlich kennt.

Genau das haben ein guter Freund und ich früher regelmäßig gemacht, wenn wir neue Mädels kennenlernen wollten. Wir haben uns einfach die Mädels, die wir gedatet haben, gegenseitig vorgestellt, um dem anderen zu zeigen, welche Art von Mädels wir mögen. Siehe da, jedes Mal, wenn einer von uns ein Mädel kennengelernt hat, welches auf dieses Profil passte, haben wir sie uns gegenseitig vorgestellt, was einerseits unsere Freundschaft weiter gefestigt und andererseits zu erfreulichen sexuellen Abenteuern geführt hat.

Deine Freunde als Kontakthelfer zu „trainieren" ist, wie du siehst, ein sehr effektiver Weg, um schnell neue Leute kennenzulernen. Richtig angewendet stärkt es bestehende Freundschaften und bringt schnell interessante Leute in dein Leben sowie das Leben deiner Freunde. Das „Training" ist natürlich keine Einbahnstraße, man hilft sich immer gegenseitig.

ZUSAMMENFASSUNG:

- Stelle deine Freunde untereinander vor.
- Zeige deinen Freunden genau, welche Menschen du suchst. Mache dies auf der emotionalen Ebene, stelle ihnen also eine konkrete Person vor. Dies funktioniert viel besser als auf der rationalen Ebene oder durch Beschreibungen bestimmter Merkmale wie „selbstbewusst", „kreativ" oder „intelligent".

AUFGABEN:

- Welche zwei Freunde fallen dir ein, welche sich sehr gut verstehen würden, die sich aber noch nicht kennen? Stelle die beiden einander vor.
- Von welcher Art Mensch möchtest du mehr Leute in deinem Umfeld haben? Sag das deinen Freunden und zeige ihnen anhand eines klaren Beispiels, welche Freundschaften und Bekanntschaften du suchst.

4.13 WERDE EIN LOCAL

Die Strategie, die ich dir in diesem Kapitel mitgeben möchte, gehört zu meinen persönlichen Favoriten. **Du brauchst nichts weiter zu tun, als immer wieder an die gleichen Orte zu gehen.**

Wir alle haben ja bestimmte Orte, die wir immer und immer wieder aufsuchen. Ich bin mir sicher, du hast bestimmte Cafés, Bars, Restaurants, Vereine oder Clubs, in die du immer wieder gehst. **Nutze das für dich!** Werde ein Local und lerne die Leute kennen, die dort arbeiten, lerne den Besitzer kennen, lerne den Manager kennen. Komme einfach mit jedem dort in Kontakt!

Warum du das machen solltest? Ganz einfach. Es bedeutet für dich null Mehraufwand, da du ja sowieso immer an die gleichen Orte gehst, und zum anderen baust du damit deinen persönlichen Wert in dieser Umgebung enorm auf. Je mehr Wert du in einer bestimmten Umgebung hast, desto mehr Leute wollen dich dort auch kennenlernen. Was wiederum dazu führt, dass du dem Gesetz der großen Zahlen automatisch näherkommst und dadurch eher die Leute kennenlernst, auf welche du auch Lust hast.

Warum funktioniert das Ganze? Hier kommt der sogenannte **Mere-Exposure-Effekt** ins Spiel. Dieser besagt, dass allein dadurch, dass wir einen Menschen häufiger sehen und ihm begegnen, er uns vertrauter wird. Sobald uns eine Person vertrauter ist, entsteht eine Kommunikation, woraus wiederum eine Beziehung und noch viel mehr entstehen kann.

Also, mehr als ein, zwei Worte mit den Leuten zu wechseln, die du dort jedes Mal siehst, brauchst du nicht, um anzufangen. Nehmen wir an, du gehst viermal die Woche ins Fitnessstudio. Dann wechsele einfach jedes Mal, wenn du dort bist, mit anderen Trainierenden ein paar Worte. Lerne die Trainer kennen, lerne die anderen Mitarbeiter des Studios kennen und innerhalb von wenigen Tagen fühlt es sich für dich wie ein zweites Zuhause an. Das ist ein weitere schöner Effekt: Dort, wo du andere Menschen kennst, fühlst du dich direkt viel wohler.

Kennst du das auch, wenn du irgendwo hingehst, wo du noch niemanden kennst? Häufig fühlen wir uns anfangs etwas unwohl, etwas verunsichert und wissen nicht genau, was wir mit uns selbst anstellen sollen. Wenn du jedoch irgendwo hingehst und genau weißt, dass du dort ein paar Dutzend Leute kennst, fühlst du dich viel wohler, entspannter und du kannst viel leichter aus dir herauskommen. Was dann wiederum heißt, dass du deine Persönlichkeit leichter ausdrücken kannst. Lass mich dir dazu ein kleines Beispiel geben:

Dieses Kapitel des Buches schreibe ich aktuell in Sofia, Bulgarien, wo ich seit einigen Monaten lebe, und genau hier habe ich diese Strategie angewandt. Ich habe zum Beispiel zwei Lieblingsrestaurants, in die ich mehrmals in der Woche mit ein paar Freunden gehe. Natürlich haben wir dort einfach jedes Mal mit ein paar neuen Leuten gesprochen, und siehe da, schon nach kurzer Zeit begrüßen dich der Manager und die Kellner mit Handschlag. Inzwischen sind wir an einem Punkt, an dem wir nicht einmal mehr bestellen müssen, sondern uns unser Lieblingsessen, ohne dass wir ein Wort sagen, ganz einfach an den Tisch gebracht wird. Das Gleiche habe ich in meinem Fitnessstudio erlebt, wo ich meinen Trainer habe und mit einigen anderen Trainierenden über die Zeit sehr gute Beziehungen entwickelt habe. Genauso sieht es in meinem Coworking-Space aus. Ich habe mich mit dem Besitzer sehr gut angefreundet, welcher natürlich fast jeden, der dort arbeitet, kennt und mir dadurch extrem viele Türen geöffnet hat.

Und jetzt rate mal, wie wohl ich mich an all diesen Orten fühle. Ganz genau: extrem wohl.

ZUSAMMENFASSUNG:

- Werde ein Local und lerne andere Locals kennen.
- Der Mere-Exposure-Effect: Alleine dadurch, dass du einer Person häufig begegnest, wirst du ihr vertraut.
- Suche dir konkrete Orte aus, die du bereits regelmäßig besuchst oder besuchen möchtest und mache es zur Angewohnheit, jedes Mal mit einer neuen Person zu sprechen.

AUFGABE:

- Suche dir jetzt drei Orte aus, an denen du zu einem Local werden möchtest. Vielleicht hast du ja bereits drei Orte, an denen du dich regelmäßig aufhältst. Ganz egal was, fang an, dort jedes Mal mit einer neuen Person zu reden, die Mitarbeiter und die anderen Locals kennenzulernen. Du wirst sehen, innerhalb kürzester Zeit wirst du dich dort wie zu Hause fühlen.

4.14 WIE LERNE ICH SPONTAN NEUE LEUTE KENNEN?

Dies ist eine Frage, die ich wirklich enorm häufig gestellt bekomme. Die Antwort darauf kann ich dir in zwei Sätzen geben.

Sprich die ganze Zeit mit Leuten.

Sag immer einen Satz mehr als nötig.

Was meine ich damit? Die meisten Menschen unterteilen ihren Alltag in „Jetzt ist es Zeit, mit Leuten zu reden" und „Jetzt ist nicht die Zeit dafür". Hör auf, das so einzuteilen, denn ganz egal, wo du dieses Buch gerade liest, wahrscheinlich bist du heute schon einer ganzen Menge Menschen begegnet, ohne es überhaupt zu bemerken. Sei es auf dem Weg zur Arbeit, in der U-Bahn, im Bus, beim Einkaufen, im Fitnessstudio oder wo auch immer. Es sind ständig Menschen um dich herum. Diese vielen kleinen Chancen, neue Begegnungen entstehen zu lassen, nutzt du noch nicht konsequent. **Dabei ist der simpelste Weg, interessante neue Menschen kennenzulernen, die ganze Zeit mit den Leuten um dich herum zu reden.**

Lass mich dir dazu ein lustiges Beispiel geben, wie ein guter Freund, Andreas, und ich in Köln regelmäßig Mädels kennengelernt haben. Wenn wir im Supermarkt waren, haben wir uns ein Mädel herausgepickt und gewartet, bis es irgendetwas in seinen Einkaufskorb tut, nur um dann ganz skeptisch daneben zu stehen: „Uh, das würde ich nicht kaufen!" Und haben dann auf die Reaktion gewartet. Die Situationen waren immer zum Schreien komisch und haben zu der einen oder anderen sehr interessanten Begegnung geführt.

Genau das kannst du im Alltag ebenfalls machen. Rede einfach überall mit Leuten.

Das andere Prinzip ist, immer einen Satz mehr zu sagen als nötig. Beispielsweise bist du gerade beim Einkaufen an der Kasse. Hier brauchst du nur einen Satz zu sagen, um eine schöne Begegnung entstehen zu lassen. „Ganz schön viel zu tun heute, nicht wahr?"

Oder du stehst bei Starbucks in der Schlange und fragst die Person hinter: „Brownie oder Muffin, was meinst du?"

Alleine dadurch kannst du eine kurze, coole Begegnung entstehen lassen. **Nutze also jede Situation, die du findest, um mit anderen Menschen zu reden.** Ein einziger Satz reicht.

Warum machen wir das nicht häufiger? Ganz einfach, weil es niemand anderes macht. Wie in einem vorigen Kapitel erwähnt, schauen wir ständig danach, was in unserer Umgebung als normal angesehen wird. Da es nun einmal niemand macht, kommen auch wir nicht auf die Idee, es einfach zu machen. Doch sei mal ehrlich, wie oft hast du dir schon gewünscht, einfach offen auf andere Leute zugehen zu können? Einfach mit jemandem ein Gespräch anzufangen und Spaß zusammen zu haben. Warum machst du es nicht? Weil niemand es macht. Was uns dann wieder zu einem der Kernsätze dieses Buchs führt: „Wenn du es nicht machst, dann macht es keiner!" Also, worauf wartest du?

Aber was, wenn die andere Person nicht positiv reagiert? – Ja und? Das wird so oder so immer wieder mal passieren. Denk an das Beispiel der hundert Leute, welche du alle gleich begrüßt und allen sagst du „Hey, ich liebe Hunde!" Nicht jeder wird darauf positiv reagieren. Manche werden sogar negativ reagieren. Liegt das in deiner Verantwortung? Nein! Nur deine Handlungen liegen in deiner Verantwortung. Wie die andere Person es aufnimmt, das ist nicht deine Angelegenheit.

Außerdem möchte ich die Frage ganz gerne umdrehen. Frage dich nicht, was ist, wenn die andere Person nicht positiv reagiert, sondern frage dich, was du dadurch verpasst. Stelle dir vor, du machst es dir nicht zur Gewohnheit, auf Leute zuzugehen und jede Situation zu nutzen, um neue Leute kennenzulernen. Was, wenn du dadurch potenziell einen deiner besten Freunde verpasst und ihn deswegen niemals kennenlernst? Was, wenn du dadurch deinen zukünftigen Partner oder deine zukünftige Partnerin verpasst? Was, wenn du auf einem Seminar oder auf einer Konferenz dadurch den Kontakt verpasst, welcher deine Karriere durch die Decke hätte gehen lassen können?

Behalte stets folgendes Prinzip im Kopf: Du hast keine Nachteile davon, es kann nichts Schlimmes passieren. Du hast nur Vorteile. Entweder du gewinnst einen neuen Freund oder du hast deine Komfortzone verlassen.

Um dich zum Schluss auch einmal in die Situation der anderen Menschen zu versetzen: Wie würdest du dich denn fühlen, wenn jemand Sympathisches auf dich zukommt und anfängt, mit dir zu reden? Du würdest dich wahrscheinlich freuen und genauso reagieren die meisten Leute auch. Sie freuen sich! Warum? Sie sind gelangweilt. Sie sind gelangweilt, weil sie stets zum gleichen Job gehen und weil sie wenige bis keine neuen interessanten Leute kennenlernen. Sie tun nicht das, was du hier tust: dich weiterzubilden. Oder sie haben keinen Mut, ihre eigene Komfortzone zu verlassen. Wenn du es also nicht machst, dann wird es auch niemand anderes machen. Sei du also der Mutige und mache einen weiteren Schritt nach vorne.

ZUSAMMENFASSUNG:

- Sag immer einen Satz mehr als nötig.
- Sprich die ganze Zeit mit Leuten.
- Nutze jede Möglichkeit, um eine kurze Begegnung entstehen zu lassen.
- Frag dich nicht „Was, wenn die andere Person negativ reagiert?", frag dich „Was, wenn ich einen potenziell besten Freund verpasse, wenn ich es nicht tue?".

- Die meisten Leute freuen sich, neue Menschen kennenzulernen.

AUFGABE:

- Dieses Konzept kannst du heute sofort anwenden. Wenn du das nächste Mal das Haus verlässt, sag bei drei Begegnungen einen Satz mehr als nötig und mache es dir danach zur dauerhaften Gewohnheit.

4.15 WIE LERNE ICH ERFOLGREICHE LEUTE KENNEN?

Natürlich werden die Leute in unserem Umfeld auch unseren Erfolg in allen anderen Bereichen beeinflussen. Wir sind nun einmal der Durchschnitt der fünf Menschen, mit denen wir am meisten Zeit verbringen. Daher kann es nur von Vorteil sein, Leute kennenzulernen, die erfolgreicher sind als wir, was auch immer Erfolg für dich bedeuten mag. Sei es, dass du eine neue Fertigkeit erlernen möchtest, in deiner Karriere vorankommen möchtest, mehr Selbstvertrauen haben möchtest oder mehr Geld verdienen möchtest.

Nur wie genau lerne ich erfolgreiche Menschen kennen?

Lass mich dir dazu ein paar Gedanken mitgeben, welche deine Sicht- und Herangehensweise zu diesem Thema enorm verändern werden. Nur, weil jemand erfolgreich ist, heißt das nicht, dass er anders tickt. Erfolgreiche Menschen sind genauso Menschen wie du und ich. Sie reagieren auf die gleichen Dinge, sie wollen das Gleiche wie du und ich und sie fühlen sich zu den gleichen Menschen hingezogen. Nur, weil jemand erfolgreich ist, heißt das nicht, dass er auf einmal nicht mehr auf positive Emotionen reagiert, dass er auf einmal nicht mehr auf Charisma reagiert, dass er auf einmal nicht mehr darauf reagiert, wenn du deine interessante Persönlichkeit hast und diese ausdrückst. Nein, im Gegenteil. Gerade dann reagieren sie darauf. Welche Leute kannst du am besten mit deiner Authentizität überzeugen? Genau! Leute, die etwas im Kopf haben. Glaubst du wirklich, Menschen, die es im Leben weit gebracht haben, wittern Bullshit nicht schon meilenweit? Jeder will etwas von ihnen. Jeder möchte ihre Kontakte, jeder möchte ihr Geld, jeder möchte erst recht ihre Expertise oder was auch immer sie anbieten. Von daher wird auch fast jeder, der Kontakt zu ihnen aufnimmt, irgendeinen Hintergedanken haben und dadurch nicht mehr authentisch handeln. Wenn du es schaffst, alles das auszuschalten und du sie als Person kennenlernen möchtest, dann bist du jedem anderen einen riesigen Schritt voraus. Etwas, was sie selten zu spüren bekommen, ist Authentizität. Jemand, der sie wirklich kennenlernen möchte, nur, um sie kennenzulernen. Jemand, der sich in ihr Leben begibt, nur um sich selbst auszudrücken – ohne Hintergedanken und Manipulation.

Kannst du jede erfolgreiche Person für dich gewinnen? Nein, natürlich nicht. Genauso, wie du nicht jeden Menschen mit deiner Persönlichkeit von dir überzeugen kannst, wirst du nicht jede erfolgreiche Person durch deine Persönlichkeit von dir überzeugen können. Genau das ist der wichtige Punkt. Du wirst durch Authentizität die Leute in dein Leben ziehen, die einerseits erfolgreich sind und mit denen du dich andererseits ebenfalls gut verstehst.

Das Erste, das du dir also in Erinnerung behalten solltest: erfolgreiche Menschen reagieren noch viel stärker auf Authentizität und Ehrlichkeit. Wenn jemand dagegen nur etwas von ihnen will, riechen sie das schon aus mehreren Kilometern Entfernung.

Eine andere Sichtweise, die ich dir mitgeben möchte ist diese: Was macht eine andere Person für dich überhaupt erfolgreich? Für dich ist ein anderer ja nur anhand deines Wertesystems erfolgreich. Darüber bewertest du sie. Wenn wir eine andere Person als erfolgreich bewerten, dann fällt es uns häufig sehr schwer, in ihrer Umgebung authentisch zu sein, nicht wahr?

Doch wie ich dir in den folgenden zwei Beispielen klarmachen möchte, ist Erfolg im sozialen Raum etwas, das immer auf den Kontext ankommt.

Nehmen wir an, Justin Bieber geht über die Straße und begegnet dabei zwei verschiedenen Menschen. Einer jungen Frau, die ein riesiger Fan von ihm ist, und einem fünfundfünfzigjährigen erwachsenem Mann, der den nächsten Kiosk sucht. Die junge Frau wird vermutlich komplett ausrasten und ihren Augen kaum trauen, dass da auf einmal der von ihr angehimmelte Star leibhaftig vor ihr steht. Sie möchte bestimmt sofort ein Autogramm und ein Foto.

Der ältere Mann hingegen, läuft ohne zweimal nachzudenken, auf Justin Bieber zu und fragt: „Hey junger Mann, ich komme nicht von hier. Wo finde ich den nächsten Kiosk?" Beide begegnen der gleichen Person, doch beide haben ein anderes Bild von ihm im Kopf. Das Mädchen sieht ihn als diesen unglaublich populären Weltstar, während der Fünfundfünfzigjährige einfach einen jungen Mann sieht. Beide begegnen der gleichen Person, doch beide haben ein anderes Bild von ihm im Kopf und werden ihm dementsprechend auch anders gegenübertreten.

Ein anderes Beispiel ist aus meiner eigenen Jugend. Wie du weißt, spiele ich seit dem dreizehnten Lebensjahr Gitarre und hatte das Glück, in meinem Leben einige meiner Gitarren-Idole zu treffen. Das Lustige ist, diese Menschen sind nur unter Musikern wirklich bekannt und außerhalb der Szene absolute No-Names. Das heißt, wenn ich einem dieser Top-Musiker begegnete, habe ich mich ein wenig verhalten, wie die Jugendliche gegenüber Justin Bieber, während einem anderen Freund von mir das vollkommen egal wäre und er sich ganz normal unterhalten hätte. Du siehst also: Wie du dich einer „erfolgreichen" Person gegenüber verhältst, hat viel damit zu tun, nach welchem Wertesystem du sie bewertest.

Eine Frage, die ich mir dabei immer gerne stelle, ist: „Verhältst du dich dieser Person gegenüber gerade anders, als wenn du nichts von ihrem Erfolg wüsstest?" Wenn die Antwort „Ja" ist, dann solltest du über deine Herangehensweise nachdenken. Dann bist du nicht authentisch. Stelle dir vor, du wüsstest nicht von ihrem Erfolg, dann würdest du einfach nur einen anderen Menschen sehen. Wie du mit einem Menschen umgehst, so gehst du auch mit anderen Menschen um. Dann würdest du nur einen Menschen sehen, bei dem du neugierig bist, ihn kennenzulernen.

Des Weiteren weißt du nie, wo du diese Leute kennenlernst. Natürlich solltest du, wenn dein Ziel ist, erfolgreiche Leute kennenzulernen, unbedingt Orte aufsuchen, an denen die Wahrscheinlichkeit sehr hoch ist. Doch als kleines Beispiel, warum du nie weißt, wo du sie kennenlernst, möchte ich dir von einem Rückflug aus Miami erzählen, den ich im Jahr 2016 hatte.

Ich hatte leider meinen Flug am Flughafen verpasst und musste dementsprechend für einen saftigen Aufpreis einen Flug spät nachts nehmen, der nicht direkt nach Deutschland zurückging, sondern über die Türkei flog, wo ich mit einer Wartezeit von drei Stunden umsteigen musste, um dann nach Deutschland zu fliegen. Also hatte ich einen ganz schönen Trip vor mir. Was ich jedoch nicht wusste, auf diesem Flug würde ich eines der lehrreichsten Gespräche meines Lebens haben. Ich setzte mich in das Flugzeug und nach einigen Minuten setzte sich ein muskulöser Mann mit Vollglatze neben mich. Ich habe mich, so wie ich es häufig tue, direkt vorgestellt: „Hi, ich bin Alex" – und schon waren wir im Gespräch. Er fragte mich, warum ich so gute Laune habe und ich erklärte ihm, dass ich auf einem spannenden Seminar war, nun aber meinen Flug verpasst hatte und einen neuen buchen musste. Ich erzählte, dass ich noch eine lange anstrengende Reise zurück nach Deutschland vor mir hätte. Irgendwie würde mir das Ganze aber nicht als großes Unglück erscheinen, sondern eher als cooles, unerwartetes Abenteuer, das mich vielleicht auf unvorhergesehene Pfade führt. Ich tat also eigentlich nichts weiter, als mich ehrlich auszudrücken und er war offensichtlich davon angetan. Ziemlich schnell kamen wir darauf, was ich beruflich machte und natürlich zeigte ich ihm auch meinen YouTube-Channel. Dann stellte es sich heraus, dass er eine Modemarke gegründet hatte, welche mehrere Millionen Dollar im Jahr umsetzte und er gerade auf dem Weg in die Türkei war, um einige Freunde zu treffen und eine der Fabriken zu besuchen. Er erzählte mir von seiner Lebensgeschichte, die ich enorm beeindruckend fand, und es folgte prompt noch eine genaue Analyse meines Geschäfts durch ihn. Insgesamt war es ein fast fünfstündiges Gespräch, in welchem er mir gefühlt so viel Wissen schenkte, wie ich es nicht einmal aus dem vorherigen kostenpflichtigen Fünf-Tages-Seminar in Miami mitgenommen hatte.

Wie du siehst, den Flug zu verpassen, hatte sich doch noch gelohnt. Du weißt nie, wo du solche Menschen kennenlernst und dementsprechend solltest du auch jeder Person offen und authentisch begegnen. Hätte ich gewusst, wer dieser Mensch war, hätte ich mich vielleicht nicht so locker und authentisch verhalten, sondern wäre nervös geworden. Einfach, weil ich ihn durch ein bestimmtes Wertesystem anders gesehen hätte.

Der schöne Nebeneffekt dabei ist, auch hier brauchst du nur einen Fuß in die Tür zu bekommen. Sobald du eine „erfolgreiche" Person kennst, kannst du dadurch viele andere kennenlernen. Behalte dabei jedoch immer im Hinterkopf: Erfolgreiche Leute sind nicht dumm. Sonst wären sie nicht da, wo sie sind. Sie merken es in der Regel schnell, wenn du einen bestimmten Hintergedanken hast. Daher ist deine beste Chance, dich einfach authentisch auszudrücken und sie zu behandeln, wie jeden anderen auch, und dann eine ehrliche Beziehung aufzubauen.

ZUSAMMENFASSUNG:

- Nur, weil jemand erfolgreich ist, heißt das nicht, dass er auf andere Dinge emotional reagiert.
- Hör auf, erfolgreiche Menschen auf ein Podest zu stellen. Es kommt stets auf das Wertesystem an, anhand dessen du sie bewertest. Denk dabei an die Geschichte über Justin Bieber, seinen jungen Fan und den älteren Mann auf Kiosksuche.
- Wie würdest du dich der Person gegenüber verhalten, wenn du nichts von ihrem Erfolg wüsstest?
- Du weißt nie, wo du jemand Erfolgreichen kennenlernen wirst.
- Wenn du einen erfolgreichen Menschen kennengelernt hast, ist es dadurch leichter, auch andere kennenzulernen.

AUFGABE:

- Suche dir einen Ort aus, an dem die Wahrscheinlichkeit hoch ist, dass du erfolgreiche Menschen triffst. Zum Beispiel in einem angesagten Café neben einer Privatbank. Oder im heißesten Club der Stadt, in dem auch die Fußballprofis mal feiern gehen. Fahre Erster Klasse mit der Bahn oder fliege in der Business-Klasse. Suche an diesen Orten dann ganz locker das Gespräch mit interessanten Leuten. Vielleicht ist jemand dabei, der erfolgreich ist? Nein? Nicht schlimm, denn im schlechtesten Fall hast du neue spannende Menschen kennengelernt.

4.16 FREUNDE FINDEN ALS INTROVERTIERTER MENSCH

In meiner Karriere als Coach habe ich bereits Dutzende introvertierter Coaching-Klienten beraten. Die wichtigsten Lektionen daraus möchte ich auch dir hier mitgeben.

Zuallererst das Wichtigste: dass du eher der introvertierte Typ bist, ist keine Ausrede, nicht aus dem Haus zu gehen oder dich hinter deiner Angst zu verstecken. **Introvertiert zu sein, heißt nichts anderes, als dass du mehr Zeit für dich alleine brauchst als jemand, der extrovertiert ist**.

Jemand der extrovertiert ist, gewinnt mehr Energie dadurch, dass er unter Menschen ist, während du regelmäßig Zeit für dich brauchst, um deine Energien wieder aufzuladen. Es heißt nicht, dass es eine Ausrede ist, dich nicht deinen Unsicherheiten zu stellen, dich nicht deiner Angst zu stellen oder keine neuen Leute kennenzulernen. Nein! Aus meiner Erfahrung sind gerade introvertierte Menschen die empathischsten Zuhörer und können die besten, treuesten Freunde überhaupt sein. Was glaubst du, wem fällt es leichter, auf einen Freund wirklich einzugehen, für einen Freund da zu sein und wirklich empathisch zu sein? Jemand, der die ganze Zeit nur am Reden ist? So wie ich es manchmal ganz gerne tue. Oder jemand, der von Natur aus eher der Beobachter und Zuhörer ist? Genau, Letzterer. Das heißt, deine Introversion kann in Bezug auf enge Freundschaften sogar ein Vorteil sein.

Es bringt dich aber erst dann richtig weiter, wenn du auch deine extrovertierte Seite kultivierst. Das heißt nicht, dass du deine Natur ändern sollst – nein, im Gegenteil – lebe deine Natur und lebe deine Persönlichkeit aus. Auch eine stille Persönlichkeit kann sich voll ausdrücken. Dennoch ist es in der heutigen Welt enorm wichtig, eine extrovertierte Seite zu haben, um auch gehört zu werden – und nicht nur zuzuhören.

Der einfachste Weg das zu tun, ist, dich für jede extrovertierte Tat mit Zeit für Introversion zu belohnen. Nehmen wir an, dass du am Donnerstag auf ein Event eingeladen bist und am Samstag auf eine Party gehen wirst. Super, damit hast du dein extrovertiertes Soll für diese Woche erfüllt! Gönne dir also Freitag und Sonntag wirklich Zeit für dich, in der du das tust, worauf du Lust hast. Wo du nicht aus deiner Komfortzone rausgehen musst, wo du dir Zeit für dich nimmst, um deine Batterien wieder aufzuladen. Ergänze jede extrovertierte Zeit also mit introvertierter Zeit. So lernst du es einerseits, deine extrovertierte Seite zu kultivieren und respektierst gleichzeitig deine Introversion. Nochmal: Unser Ziel ist es nicht, deine Natur zu verändern, sondern diese authentisch auszuleben und dadurch gute Freunde zu finden.

Wer sagt außerdem, dass du der einzig Introvertierte auf dieser Welt bist? Du bist ganz bestimmt nicht alleine, denn da draußen gibt es eine Menge Menschen, die introvertiert sind. Diese brauchst du eigentlich nur kennenzulernen. Du wirst also Menschen finden, die so ticken wie du, die lieber einen gemütlichen Abend zu zweit oder zu dritt verbringen, anstatt auf eine große Party zu gehen. Menschen, die lieber etwas weniger reden, als sich ständig ins Wort zu fallen und sich zu unterbrechen. Ein Ziel für dich als introvertierter Mensch sollte es sein, auch extrovertierte Menschen kennenzulernen. Viele meiner introvertierten Freunde genießen es sogar richtig mit extrovertierten Leuten Zeit zu verbringen und so eine andere Welt kennenzulernen.

Ein schönes Beispiel dafür sind Jan und Albert. Auf einer unserer Mastermind-Runden, von denen ich dir in einem vorherigen Kapitel erzählt habe, waren beide zu Gast. Beide sind wirklich sehr introvertiert. Den ganzen Abend hat der Rest unserer Truppe in einem riesigen Wortschwall ununterbrochen geredet, sodass man uns wahrscheinlich noch zehn Häuser weiter hören konnte. Die beiden hingegen haben den ganzen Abend kein einziges Wort gesagt. Da wir wissen, dass sie beide introvertiert sind, ist aber keiner zu ihnen hingegangen und hat sie gefragt, ob es ihnen gut geht und warum sie so still sind. Nein, wir kennen sie und wissen genau, dass die beiden zufrieden sind. Beide waren die ganze Zeit in der Beobachterrolle, haben sich am Ende des Abends kurz angeschaut, genickt und wir waren sicher: Die beiden hatten mächtig Spaß!

Als introvertierter Mensch in extrovertierten Kreisen entwickelst du dich schnell weiter. Lerne extrovertierte Leute kennen, damit du einerseits eher in die passive Beobachterrolle fallen kannst. Gleichzeitig lernst du aber auch aktiv, wie sich extrovertierte Leute verhalten und du kannst davon profitieren. Du kannst sie auch einfach fragen „Hey, wenn du einmal nicht so wirklich Lust hast, unter Menschen zu gehen, wie gehst du damit um?" oder „Wie schaffst du es immer, so selbstsicher rüberzukommen?". Du kannst sie einfach fragen, denn von wem kannst du besser lernen, als von Leuten, die etwas gut können?

Im Beispiel von Jan und Albert war übrigens noch ein anderer wichtiger Punkt versteckt. Teile deine Introvertiertheit deinen Freunden und Bekannten mit. Nervt es dich nicht auch, wenn dich ständig jemand fragt, warum du denn so ruhig bist und ob es dir gut geht? Oder: „Du bist einer der ruhigen Sorte, nicht wahr?" Teile es ihnen ganz einfach mit. Die Leute meinen es nicht böse oder gemein, sie wollen dich einfach ein wenig aus deiner Schale herauskitzeln. Du kannst ihnen ganz einfach ehrlich mitteilen: „Hey, ich bin eher auf der introvertierten Seite, ich liebe es, zu beobachten, und ich habe damit meinen Spaß." Besonders, wenn du gute Bekanntschaften und Freundschaften schließt, solltest du den Menschen das unbedingt mitteilen. Auch wenn sie es so oder so mit der Zeit lernen würden, teile es den Leuten, mit denen du Zeit verbringst, mit. Diese Vorgehensweise macht es für alle entspannter.

Du solltest dir, wenn du unter Menschen bist, regelmäßig Zeit für dich nehmen. Bist du beispielsweise auf einer Party, auf einem Event oder mit einigen Freunden in einem Café oder Restaurant und du merkst, dass es dir zu viel wird, nimm dir eine Auszeit. Hab absolut keine Scheu davor, dich für fünfzehn oder zwanzig Minuten nach draußen oder in eine ruhige Ecke zurückzuziehen, um ein wenig Zeit mit dir alleine zu verbringen. Kommuniziere das deinen Freunden auch und sag einfach: „Ich brauche kurz eine Viertelstunde für mich alleine. Alles gut, ich will nur ein wenig Energie tanken." Und dann ziehe dich zurück. Du brauchst dich dafür vor niemandem rechtfertigen, denn du respektierst hier nur deine introvertierte Natur. Wenn diese sich bemerkbar macht und sagt, dass sie Zeit alleine braucht, dann ist das völlig in Ordnung. **Nur, wenn du ganz du selbst bist, kannst du deine Persönlichkeit wirklich ausdrücken** und die Zeit mit den Menschen in deiner Umgebung auch mehr genießen. Du merkst, es ist sehr wichtig, dass du deine introvertierte Seite respektierst und sie nicht ablegst**, sondern mit ihr deine extrovertierte Seite kultivierst.**

ZUSAMMENFASSUNG:

- Introversion ist keine Ausrede, um keine neuen Leute kennenzulernen oder dich hinter deiner Angst zu verstecken.
- Lerne es, deine extrovertierte Seite zu kultivieren, doch respektiere deine introvertierte Seite.
- Belohne dich für jede extrovertierte Tat mit Zeit alleine.
- Gönne dir regelmäßig Pausen, um deine Energien wieder aufzuladen.
- Lerne andere Introvertierte kennen.

AUFGABE:

- Mache dir jetzt einen Plan, welche Pausen du deiner introvertierten Seite gönnen möchtest. Wie oft in der Woche möchtest du extrovertierte Sachen tun und mit welchen introvertierten Dingen belohnst du dich? (Beispiel: Donnerstag auf einem Event eingeladen sein, Freitag dafür den Abend in Ruhe verbringen.) Mache dir auch klar, welche Pausen du für dich selbst einlegen solltest, wenn du unter Menschen bist. (Beispiel: Alle sechzig Minuten fünfzehn Minuten alleine frische Luft schnappen, um deine Energie wieder aufzutanken.)

4.17 MIT WEM WILLST DU IN KONTAKT BLEIBEN?

Mit der Zeit wirst du an einen Punkt kommen, wo du schon eine Menge Leute kennengelernt hast und wo es dann Zeit wird auszuwählen, mit wem du mehr Zeit verbringen möchtest.

Dazu möchte ich dir einige simple Prinzipien mitgeben, an denen du dich orientieren kannst. Du weißt natürlich von vornherein nie wirklich, wie sich eine Bekanntschaft oder Freundschaft entwickeln wird. Wir können nicht in die Zukunft schauen. Du kannst aber mit der Zeit ein Gefühl dafür entwickeln und auch jetzt schon auf dein aktuelles Gefühl hören. Frage dich, wie du dich mit dieser Person fühlst, denn bei guten Freundschaften und Bekanntschaften kommt es ja darauf an, dass du dich in der Umgebung der Person wohlfühlst. Erinnere dich also an die letzten Male, wo ihr Zeit miteinander verbracht habt, und überlege, welches Gefühl in dir aufsteigt, wenn du an die Person denkst. Ist es ein gutes Gefühl? Dann ist die Antwort recht klar. Ist es eher unklar, dann gib der Beziehung Zeit. Fühlst du dich schlecht bei dem Gedanken an die Person, dann ist die Antwort eindeutig. Verbringe keine Zeit mit ihr. Warum? Das Leben ist zu kurz für mittelmäßige Gesellschaft.

Doch leider sind die meisten Leute lieber in mittelmäßiger Gesellschaft als alleine. Etwas, das gerade im einunzwanzigsten Jahrhundert keinen Sinn ergibt. Es leben aktuell mehr Menschen auf der Welt als jemals zuvor, was auch bedeutet, dass es mehr Menschen auf diesem Planeten gibt, mit denen du enge Freundschaften schließen kannst, als je zuvor. **Gib dich also nicht mit mittelmäßiger und erst recht nicht mit schlechter Gesellschaft zufrieden.**

Welche Art von Freundeskreis möchtest du haben? Bist du eher derjenige, der möglichst viele Leute kennenlernen möchte oder willst du lieber einen kleinen, ausgewählten Freundeskreis haben? Wenn du sagst, du möchtest lieber einen kleinen Freundeskreis haben, dann kannst du auch sehr viel schneller „aussortieren" und dich auf die Leute fokussieren, mit denen du wirklich gerne Zeit verbringst. Möchtest du jedoch ein großes Netzwerk und einen großen Bekanntenkreis aufbauen, dann hast du natürlich mehr Raum, um auch mehr Leute in dein Leben zu lassen.

Wie du dich intuitiv mit einer Person fühlst, ist dabei das entscheidende Prinzip. Nichts kann dir besser sagen, ob du mit einer Person glücklich wirst oder nicht, als deine Emotionen.

ZUSAMMENFASSUNG:

- Das Leben ist zu kurz für mittelmäßige Gesellschaft.
- Dein Gefühl sagt dir verlässlich, ob du einen Kontakt weiterentwickeln sollst.

AUFGABEN:

Denke an deine Zeit mit einigen deiner Freunde, Bekannten oder neuen Bekanntschaften. Fühle und beobachte dich selbst:

- Wie fühlst du dich, wenn du mit der Person zusammen bist? Gut? Dann ist die Antwort klar.
- Du fühlst dich neutral? Gib der Beziehung mehr Zeit.
- Du fühlst dich nicht gut? Brich den Kontakt ab.

4.18 WIE OFT MUSS ICH MICH MELDEN?

Hier gibt es leider keine einfache Faustregel, denn diese Frage lässt sich nicht für jede Beziehung verallgemeinern. **Jede Freundschaft und jede Bekanntschaft ist anders.** Ich bin mir sicher, du hast Freunde, mit denen du sehr regelmäßig Kontakt hast und ich bin mir ebenso sicher, du hast auch ein paar Freunde, die du nur alle paar Monate siehst. Doch kaum seht ihr euch wieder, knüpft ihr genau dort wieder an, wo ihr zuletzt aufgehört habt. Ihr habt euch vielleicht neun Monate nicht gesehen, aber es fühlt sich so an, als wäre es gestern gewesen.

Du solltest über die Frage „Wie oft muss ich mich melden?" also nicht zu rational nachdenken. Der Verstand wird deine zwischenmenschlichen Beziehungen niemals regeln. Das können nur deine Emotionen. Gehe also weg vom Rationalen und bewege dich hin zum Emotionalen. **Melde dich bei der Person, wenn du dich danach fühlst**. Wenn du der Person etwas mitteilen möchtest, eine Erfahrung mit ihr teilen möchtest oder einen Gedanken, etwas, das dir heute passiert ist, oder du einfach hören möchtest, wie es ihr geht, dann melde dich bei ihr. **Es geht nicht um rationale Zweckbeziehungen, sondern um echte Freundschaften**.

Gerade am Anfang sind Freundschaften allerdings „pflegebedürftiger". Bei jeder neuen Beziehung ist es anfangs nötig, sich häufiger zu melden, damit die Beziehung mit der Zeit wächst. Du solltest es aber nicht komplizierter machen, als es ist. **Freundschaftspflege ist keine Raketenwissenschaft**. Melde dich, wenn du dich melden möchtest, wenn du der Person etwas mitteilen möchtest oder wenn du einfach hören möchtest, wie es ihr geht.

Falls du dich nur aus Zweckmäßigkeit bei einem Freund oder Bekannten meldest, merkt das die andere Person. Besonders, wenn sie dich schon ein wenig besser kennt, fällt ihr auf, ob du dich wegen eines authentischen Wunsches bei ihr meldest – oder einfach, weil du das Gefühl hast, es „muss" wieder einmal sein. Manchmal habt ihr mehr Kontakt, manchmal weniger, doch der Großteil einer erfolgreichen Beziehung ist ganz einfach Präsenz. Mal meldest du dich weniger, mal mehr, doch verschwinde dabei nie komplett vom Radar. Es reicht oft schon, wenn du dem Freund einfach eine simple Nachricht schreibst. Dafür liebe ich zum Beispiel Sprachnachrichten. Ich setze eigentlich fast nichts anderes außer Sprachnachrichten oder kleine Videobotschaften über WhatsApp, Facebook oder andere soziale Medien ein.

Warum? Sie sind viel persönlicher, authentischer, emotionaler und du kannst mit der Person viel direkter kommunizieren. **Lösche die Frage, wie oft du dich bei anderen melden sollst, also am besten ein für alle Mal aus deinem Kopf.** Wenn du dich danach fühlst, melde dich. Es kommt nicht darauf an, ob du dich jeden Tag meldest oder einmal die Woche, es kommt auf die Emotionalität und die Tiefe eurer Beziehung an, nicht auf die Häufigkeit eures Kontakts.

Bei Menschen, mit denen du dich wohlfühlst, wirst du dich wahrscheinlich ganz von alleine regelmäßig melden. Solltest du dich jedoch immer wieder pushen müssen, dich bei einem Menschen zu melden, dann hinterfrage ruhig einmal, warum du überhaupt Kontakt zu ihm hast, wenn es jedes Mal eine Überwindung für dich ist, mit ihm Kontakt aufzunehmen.

Wenn du dir noch unsicher bist, dann erinnere dich einfach daran, was du am Anfang eurer Freundschaft gemacht hast. Was hat dazu geführt, dass ihr Freunde wurdet, dass eure Beziehung so schnell entstanden ist und dass ihr so viel Spaß miteinander hattet?

Die meisten Leute hören ab einem bestimmten Level einfach auf, das zu tun, was sie dort hingebracht hat, wo sie jetzt sind. Sie gehen davon aus, dass es weiter bergauf geht, ohne dass sie mehr in die Beziehung investieren. Doch das stimmt nicht. **Nur, was du in eine Freundschaft investierst, bekommst du auch zurück.**

Also verhalte dich am Ende der Beziehung genauso wie am Anfang, und es wird kein Ende eurer Freundschaft geben.

ZUSAMMENFASSUNG:

- Es gibt keine Faustregel, wie oft du dich melden sollst.
- Melde dich am Anfang einer Beziehung regelmäßiger.
- Es kommt nicht auf die Häufigkeit, sondern auf die Qualität eurer Beziehung an. Es gibt unterschiedliche Arten von Freundschaft. Manchmal hast du täglich Kontakt, manchmal nur alle sechs Monate, und es fühlt sich trotzdem so an, als hättet ihr euch jeden Tag gesehen.
- Freundschaftspflege ist nicht kompliziert, es ist keine Raketenwissenschaft.
- Schicke Sprach- oder Videonachrichten, diese sind persönlicher und authentischer.

AUFGABEN:

- Bei welchen deiner Freunde hast du dich schon länger nicht mehr gemeldet? Tu es jetzt!
- Wie kannst du es dir einfach machen, dich regelmäßig bei Freunden und Bekannten zu melden? Finde einen Weg der dir leicht fällt und Spaß macht.

4.19 EIGENE EVENTS VERANSTALTEN 2.0

Ich habe im vorherigen Kapitel schon angesprochen, dass es empfehlenswert ist, eigene Events zu veranstalten, Partys zu schmeißen und Treffen zu organisieren, um möglichst schnell viele Leute kennenzulernen. Deswegen greife ich diesen wichtigen Punkt hier erneut auf. Was machst du, wenn du mit vielen Menschen in Kontakt bleiben willst? Genau, du machst es genauso, wie du sie kennengelernt hast. Veranstalte regelmäßig eigene Events, zu denen du viele deiner Freunde und Bekannte einladen und so gleichzeitig mit ihnen Zeit verbringen kannst. Dabei schlägst du zwei Fliegen mit einer Klappe, denn zum einen wird eure Beziehung stärker und zum anderen kannst du Freunde untereinander vorstellen und dadurch euren ganzen Freundeskreis viel enger zusammenbringen. Dies führt dazu, dass du **deine Freunde viel mehr an deinem Leben teilhaben lässt** und du schaffst es, dass **jeder deiner Freunde andere interessante Leute kennenlernt**.

Eine Geschichte, die ich dazu immer erzähle, ist die von mir und Michael, einem meiner besten Freunde, den ich schon mehrfach erwähnt habe. Wir könnten unterschiedlicher nicht sein: Von der Persönlichkeit, den Hobbys, den Interessen und erst recht vom Freundeskreis. Wir sind beste Freunde, doch mein Freundeskreis ist komplett anders als seiner. Wenn wir dann von Zeit zu Zeit unsere Freunde zusammenbringen, passieren die coolsten Sachen und die denkwürdigsten Geschichten. Wenn Leute aus unterschiedlichen Bereichen zusammenkommen, die eine gemeinsame Basis haben, dann ist oft die Grundlage für etwas Wunderbares und Neues.

Natürlich, gleich und gleich gesellt sich gerne und wir sehnen uns auch stets nach Freunden, die ähnliche Interessen haben oder ähnlich ticken. Einerseits ist das gut, denn natürlich wollen wir Menschen um uns herumhaben, die uns ähnlich sind. Andererseits kann es aber dazu führen, dass wir in einer Blase gefangen sind und uns vor vielen wunderbaren Dingen in der Welt da draußen verschließen. Eigene Events zu veranstalten und verschiedene Freundeskreise zusammenzubringen, ist ein guter und einfacher Weg, um nicht in einer Ähnlichkeits-Blase zu landen.

ZUSAMMENFASSUNG:

- Ein exzellenter Weg, um mit vielen Leuten in Kontakt zu bleiben, ist, sie einfach an einen Ort zu bringen.
- Bringe verschiedene deiner Freunde zusammen, um eine Grundlage für großartige neue Beziehungen aufzubauen.
- Bringe bewusst Freunde zusammen, welche sehr unterschiedlich sind.

AUFGABE:

- Veranstaltest du schon regelmäßig eigene Events, Partys und Treffen? Sehr gut, weiter so! Du nutzt diesen guten und einfachen Weg noch nicht? Dann fange heute damit an dein erstes Event zu organisieren!

4.20 FREUNDSCHAFTEN ÜBER GROSSE ENTFERNUNGEN PFLEGEN

Ein großer Vorteil des 21. Jahrhunderts ist, dass Entfernungen an Relevanz verlieren. Heute ist es kein Problem mehr, täglich mit einem Freund in Kontakt zu sein, der am anderen Ende der Welt lebt. Wir haben das Internet, Videotelefonie, soziale Netzwerke, Smartphones und wir haben günstige Wege zu reisen. Viele meiner Freunde leben nicht in Deutschland, sondern in den USA, in Dänemark, in Bulgarien, in der Slowakei, in der Ukraine, in Russland, in Thailand und in Neuseeland. Es ist für mich kein Problem, mit diesen Leuten Kontakt zu halten, und genauso sollte es für dich kein Problem sein, mit deinen Freunden Kontakt zu halten.

Nutze dazu die Technologie, die du zur Verfügung hast und pflege so eure Freundschaft. Wenn es dir zeitlich schwerfällt, ist einer der einfachsten Wege, feste Termine zu haben, zu denen ihr telefoniert, entweder nur per Audio- oder per Videoübertragung. Dies mache ich zum Beispiel regelmäßig mit einem Freund, der in der Slowakei lebt und genauso viel zu tun hat wie ich. Das sorgt dafür, dass unsere Freundschaft trotz Entfernung weiter gedeihen kann.

Was sind heutzutage denn noch große Entfernungen? Zugfahrten kosten weniger als früher, es gibt Mitfahrgelegenheiten und günstige Busfahrten. Sogar Flüge zu anderen Kontinenten kosten fast gar nichts mehr. Ich schreibe dieses Buch übrigens in der bulgarischen Hauptstadt Sofia. Ein Direktflug nach Köln würde mich gerade einmal neunzehn Euro kosten. Würde ich ihn mehr als einen Monat im Voraus buchen, wäre er sogar noch günstiger. Nicht viel anders sieht es aus, wenn du an weiter entfernte Orte fliegst und nur lange genug im Voraus buchst. Ein kurzer Wochenendtrip zu einem guten Freund nach England muss dich also nicht mehr kosten, als wenn du innerhalb Deutschlands mit einem ICE fahren würdest.

Natürlich hat nicht jeder die Freiheit, sich zu entscheiden, nächste Woche einfach irgendwohin zu fliegen, von daher plane deine Trips einfach mehr im Voraus. Plane, dich mit einem Freund in zwei oder drei Monaten an einem bestimmten Ort zu treffen, buche dafür die Flüge, beantrage entsprechende Urlaubstage und plane sonst alles Weitere, was dafür ansteht.

Ein schönes Beispiel dafür ist ein kleines Treffen von vier guten Freunden, welches dieses Jahr in Thailand stattgefunden hat. Während ich vorher in Kolumbien war und von da aus nach Thailand geflogen bin, kam Jan aus Deutschland, Björn aus einem anderen Teil Asiens und Michael aus Neuseeland. In Thailand erlebten wir zusammen einen kurzen Urlaub und gingen dann wieder unserer Wege. Warum war uns das möglich? Weil wir fest vorhatten, als Freunde gemeinsam Zeit zu verbringen und dies bereits einige Monate vorher geplant hatten. Genau das Gleiche kannst du mit Freunden, auch wenn diese am anderen Ende der Welt leben, ebenfalls machen. **Entfernung ist heutzutage keine Ausrede mehr!**

ZUSAMMENFASSUNG:

- Entfernungen sind dank Internet, Smartphones und moderner Technologie heutzutage kein Problem mehr.
- Anstatt dich mit deinen Freunden persönlich am gleichen Ort zu verabreden, verabredet euch zu einer gemeinsamen Videotelefonie.
- Plane gemeinsame Treffen lange genug im Voraus. So kannst du selbst mit einem geringen Budget und Fulltime-Job regelmäßig Zeit mit guten Freunden am anderen Ende der Welt verbringen.

AUFGABE:

- Plane diese Woche einen Besuch bei Freunden im Ausland oder lade gute Freunde zu dir nach Deutschland ein. Belasse es nicht bei der Planung und beim Wunsch, sondern vereinbare konkrete Termine und buche die Tickets! Denk dran: Wenn du es nicht machst, dann macht es keiner.

5. Kapitel

DAS GESCHENK DER FREUNDSCHAFT

5.1 VORWORT

Wir sind in den vorangegangenen Kapiteln alles Wichtige durchgegangen. Du hast die richtigen Mindsets gelernt und dein Selbstvertrauen aufgebaut. **Du weißt, wie du deine Persönlichkeit ausdrückst, wie du neue Leute kennenlernst und den Kontakt mit ihnen hältst.**

Im letzten Kapitel möchte ich darauf eingehen, welche Freunde zu dir passen, woran du gute Freunde erkennst und welche Art von Freunden du haben solltest. Außerdem erkläre ich dir Dinge, welche für eine beste Freundschaft unumgänglich sind.

Ich wünsche dir weiterhin viel Spaß beim Lesen und viele neue Freunde!

5.2 WANN SIND FREUNDE WICHTIG?

Diese Frage stelle ich direkt mal auf den Kopf: **Wann sind Freunde NICHT wichtig?** Sie sind nämlich einer der wichtigsten Faktoren für ein glückliches und zufriedenes Leben. Erst mit Freunden wird das Leben wirklich lebenswert. Ohne Freunde kann dagegen selbst dein liebstes Hobby schnell langweilig und einsam werden. **Freunde helfen im Privatleben und der Karriere**, denn echte Freunde schauen nicht zu, wie wir unser Potenzial verschwenden, sondern bringen uns dazu, es voll auszuschöpfen. Das, was wir stets am Nötigsten brauchen, ist **ein Mensch, der uns dazu zwingt, das zu tun, was wir können.** Wir alle wissen, wie leicht es ist, das eigene Potenzial nicht auszunutzen und stattdessen Zeit zu verschwenden.

Erst durch Freunde lernst du dich selbst richtig kennen. **Ein guter Freund ist ein direkter Spiegel von dir, deiner Persönlichkeit und deinem Leben.** Er zeigt dir deine Stärken und deine Schwächen. Er zeigt dir wo du dich selbst anlügst und hilft dir dadurch, ein besserer Mensch zu werden. Diesen herausfordernden Prozess machen Freunde für dich angenehmer, denn mit wem hast du in deinem Leben am meisten Spaß? Genau, mit echten Freunden. Ganz besonders, wenn ihr gemeinsam wachsen könnt.

Dabei möchte ich dich jedoch auf einen wichtigen Punkt hinweisen. Dein Fokus sollte nicht darauf liegen, was du durch eine Freundschaft bekommst, sondern was du für die Freundschaft tun kannst. Oder anders ausgedrückt: **Frage dich nicht, was deine Freunde für dich tun können, sondern was du für sie tun kannst.** Das, was du in eine Freundschaft investierst, bekommst du auch zurück. Der einfachste Weg, um das zu tun, ist deinen Freunden bedingungslose Liebe zu geben. Ja, du hast richtig gehört, **bedingungslose Liebe**, denn sonst ist es keine **enge Freundschaft**, sondern eine gute Bekanntschaft oder Zweckbeziehung. Wenn du jemanden jedoch bedingungslos liebst, dann bist du bereit, enorm

viel in die Beziehung zu investieren und wirst auch kleinere oder
größere Fehler im Sinne einer erfüllenden Beziehung verzeihen.

ZUSAMMENFASSUNG:

- Wann sind Freunde wichtig? – Das ist die falsche Fragestellung.
- Wann sind Freunde nicht wichtig? – Sie sind der wichtigste Faktor für eine bessere Lebensqualität.
- Was wir am nötigsten brauchen, ist der Mensch, der uns dazu zwingt, das zu tun, was wir können.
- Frage dich nicht, was Freunde für dich tun können, sondern was du für sie tun kannst.
- Liebe deine Freunde bedingungslos.
- Du bekommst durch eine Freundschaft mindestens das zurück, was du investierst.

AUFGABEN:

- Wo erkennst du bei dir noch Verbesserungspotenzial, was du für deine Freundschaften tun kannst?
- Was tun deine Freunde für dich und wie sehr wird dein Leben durch sie bereichert? Was hast du von ihnen gelernt? Was hast du dank ihnen erlebt?
- Halte dir vor Augen, wie viel besser sie dein Leben machen, und sei dankbar dafür.

5.3 WELCHE FREUNDE PASSEN ZU MIR?

Welche Freunde genau zu dir passen, das ist eine Frage, die nur eine Person beantworten kann: du selbst. **Es ist etwas, was nur du herausfinden kannst.** Das Schöne daran ist, der Weg, es herauszufinden, ist ein unterhaltsamer: Lerne möglichst viele verschiedenartige Menschen kennen und schau, wie du mit unterschiedlichen Typen von Menschen auskommst. Dabei rate ich dir ganz besonders zu einer Sache: **Lerne Leute aus verschiedenen Lebenswelten und mit unterschiedlichen Weltsichten kennen.** Ich persönlich liebe es, einerseits Vollblut-Hippies zu meinen Freunden zu zählen, die sich nichts aus Geld machen, finde es andererseits aber genauso interessant, Hardcore-Geschäftsleute als Freunde zu haben, für die finanzieller Erfolg das höchste Gut ist. Genauso liebe ich es, Leute in meinem Umfeld zu haben, die Tag für Tag auf ihre Gesundheit achten und vollkommen gesundheitsbewusst leben, während ich auf der anderen Seite Freunde habe, die einen komplett hedonistischen Lifestyle leben.

Warum ist Vielfalt im eigenen Umfeld so wichtig? Nur auf diesem Weg findest du einerseits heraus, welche Menschen zu dir passen, und andererseits lernst du dich erst so wirklich selbst kennen. **Freunde sind immer ein Spiegel deines Selbsts.** Je mehr unterschiedliche Freunde du hast, desto mehr unterschiedliche Spiegel werden dir vorgehalten und desto mehr Aspekte von dir lernst du kennen. Was beides zu einem erfüllteren und erfolgreicheren Leben führt.

Trenne dich außerdem von dem Gedanken, dass es nur eine Art von Freund gibt. **Es gibt so viele Arten von Freundschaften und so viele unterschiedliche Arten von Freunden, wie es Menschen gibt.** Da wären die Freunde, mit denen du nur feiern gehst. Du hast vielleicht auch ein oder zwei Freunde, die du immer aufsuchst, wenn du spirituellen Rat brauchst und gerne tiefgründige Gespräche führen möchtest. Du hast Freunde, mit denen du durch ein bestimmtes Hobby verbunden bist und solche, die du über deinen Beruf kennengelernt hast. Es gibt Freunde, die du sehr häufig siehst und manche, die du nur einmal im Jahr triffst.

Versuche angesichts dieser Vielschichtigkeit also nicht, das Konzept „Freundschaft" in eine bestimmte Schublade zu packen. Es wird niemals nur einen Typ von Freund für dich geben, sondern **du wirst in deinem Leben mit einer Vielfalt von unterschiedlichen Freundschaften beschenkt**.

In verschiedenen Lebensabschnitten wirst du verschiedene Freundschaften suchen und auch unterschiedliche Freundschaften haben. Abhängig davon, was deine Ziele sind, wie alt du bist, was aktuell deine Interessen sind oder wie du dich sonst entwickelst. **Wie du vielleicht schon bemerkt hast, bewegt sich dein Leben durch bestimmte Zyklen.** Je nachdem, in welchem Zyklus du dich befindest, wirst du andere Interessen haben und andere Menschen suchen. In einer Lebensphase bist du vielleicht stark auf die Karriere fixiert, während du später vollkommen in einem deiner Hobbys aufgehst. Abhängig davon, wie sich dein Leben und deine Ziele verändern, wirst du auch andere Freunde suchen, dich zu anderen Leuten hingezogen fühlen und es genießen, mit unterschiedlichen Menschen Zeit zu verbringen. Es kommt darauf an, wie du dich in diesen Zeiten entwickelst, sodass jeweils andere Freunde zu dir passen werden.

ZUSAMMENFASSUNG:

- Welche Freunde passen zu mir? Die Antwort kann dir niemand geben, du musst es selbst herausfinden.
- Lerne so viele Menschen aus so vielen unterschiedlichen Bereichen kennen wie möglich.
- Es gibt nicht nur eine Art von Freundschaft, sondern viele unterschiedliche.
- Je nach Lebensphase wirst du verschiedene Freunde haben, suchen und brauchen.

AUFGABEN:

- Von welcher Art Freundschaft wünschst du dir gerade mehr? Von welchen Arten hast du genug?
- Wie kannst du mehr Abwechslung in deinen Freundeskreis bringen?

5.4 WORAN ERKENNE ICH EINEN GUTEN FREUND?

Wie du im vorherigen Kapitel erfahren hast, wird es in deinem Leben unterschiedliche Arten von Freundschaften geben. Doch eine Frage ist dabei noch offen: **Woran erkenne ich denn nun einen wirklich guten Freund**?

Ich möchte dir in diesem Kapitel fünf Dinge mitgeben, auf die du achten solltest. Dazu machen wir uns noch ein paar Gedanken darüber, **wie du selbst ein besserer Freund werden kannst**.

1. **Ein guter Freund verurteilt dich nicht.** Sobald du über eine Person urteilst, verschließt du dich ihr gegenüber. Wie würdest du dich fühlen, wenn ein scheinbar guter Freund plötzlich anfängt, über dich zu urteilen und ein negatives Bild von dir im Kopf hat? Wahrscheinlich nicht gut. Es würde auch eurer Beziehung extrem schaden. Wenn du eine Person verurteilst, betrachtest du sie geradezu mit Tunnelblick. Du hörst auf, sie zu sehen, wie sie wirklich ist und fängst an, sie so zu sehen, wie du über sie geurteilt hast. Dies bemerkst du häufig daran, wenn eine Person sich dir gegenüber verschließt und dir nicht mehr offen und ehrlich zuhört. Einen guten Freund erkennst du also daran, dass er dich nicht verurteilt, sondern dir stets offen und ehrlich begegnet.

2. **Er kennt deine Schwächen**. Ein guter Freund kennt deine Schwächen und akzeptiert dich trotzdem. Ich würde sogar noch einen Schritt weitergehen: Er liebt dich gerade deshalb. Denk einfach mal an einen guten Freund oder einen für dich wichtigen Menschen und überlege dir ein oder zwei seiner Schwächen oder Makel. Wahrscheinlich findest du sie auf eine Art und Weise sogar sympathisch. Es sind genau die Dinge, die nicht perfekt an uns sind, welche uns letztendlich doch perfekt machen. Die ersten beiden Punkte sind also verknüpft. Wenn dich jemand nicht verurteilt, dann kann er auch die Dinge an

dir sehen, die du vielleicht nicht magst. Anstatt sie als Makel zu sehen, fängt er sogar an sie zu mögen. Ein guter Freund kennt deine Schwächen und liebt dich trotzdem (oder gerade deshalb).

3. **Du kannst mit ihm über alles reden.** Ein guter Freund hat stets ein offenes Ohr für dich. Wenn du nachts um vier ein Problem hast, kannst du ihn anrufen und alles, was du von dem anderen Ende der Leitung hörst, ist: „Was gibt es, was kann ich für dich tun?" Bei solch einem Freund brauchst du keine Angst davor haben, du selbst zu sein. Du kannst auch Dinge ansprechen, die dir unangenehm sind, denn ihr könnt über alles reden.

4. **Er steht dir in schweren Zeiten bei.** Wann erkennen wir, wer unsere echten Freunde sind? Genau, wenn es uns einmal schlecht geht oder wir eine schwere Zeit durchmachen! Die Freunde, die eher oberflächliche Beziehungen waren, verschwinden auf einmal in rasender Geschwindigkeit. Die Menschen, die bei uns bleiben, wenn wir durch eine schwere Zeit gehen – oder den einen oder anderen Fehler machen – das sind unsere wahren Freunde. Diese Beziehungen solltest du mehr pflegen als alle anderen. Auf wirkliche Freunde kannst du dich felsenfest verlassen.

5. **Ein guter Freund unterstützt dich und hält dich nicht auf.** Du möchtest mehr für deine Bildung tun? Du möchtest in deiner Karriere vorankommen? Du hast ein anderes neues Ziel, das du angehen möchtest? Was ist nun die erste Reaktion deiner Freunde? Lachen sie darüber, nehmen es nicht ernst oder ziehen es vielleicht sogar ins Lächerliche? Oder unterstützen sie dich vom ersten Moment an und fragen, wie sie dir behilflich sein können? Auch daran erkennst du einen wirklich guten Freund. Ein wirklich guter Freund ist jemand, der sich mehr über deinen Erfolg freut, als über seinen eigenen. Fängt ein Freund hingegen an, an deinen Zielen zu zweifeln oder diese sogar herunterzumachen, solltest du über die Freundschaft nachdenken.

Diese fünf Punkte sind enorm wichtig für eine gute Freundschaft. Jetzt weißt du, woran du einen guten Freund erkennst. **Verhalte dich nach diesen fünf Regeln, um selbst ein guter Freund zu sein.** Du bekommst immer das zurück, was du in eine Freundschaft investierst. Der beste Weg, gute Freunde in sein Leben zu ziehen, ist, selbst ein guter Freund zu sein. Dabei ist es auch sehr entscheidend zu wissen, dass man Freunde nicht „gewinnt" – man erkennt sie! Du kannst niemanden davon überzeugen, ein guter Freund zu sein, sondern ihr seid auf einer Wellenlänge, eure Beziehung gedeiht mit der Zeit und du erkennst schließlich: „Wow, das ist ein wirklich guter Freund."

Zum Schluss dieses Kapitels möchte ich dir noch etwas mitgeben. **Sieh eine gute Freundschaft weniger rational und mehr emotional.** Die fünf Punkte sind wichtig, doch letztlich geht es immer darum, wie du dich mit einer Person fühlst. Spürst du, dass es ein guter Freund ist? Wenn ja, dann ist er wahrscheinlich auch ein guter Freund. Häufig sind die fünf Punkte ganz automatisch gegeben, wenn wir uns in Gegenwart eines Menschen gut fühlen.

ZUSAMMENFASSUNG:

- Freunde gewinnst du nicht, du erkennst sie:
- Ein guter Freund verurteilt dich nicht.
- Er kennt deine Schwächen und liebt dich trotzdem (oder gerade deshalb).
- Du kannst mit ihm über alles reden.
- Er steht dir in schweren Zeiten bei.
- Er unterstützt dich und hält dich nicht vom Erreichen deiner Ziele ab.
- Sei selbst ein guter Freund und wende die fünf Prinzipien an.

AUFGABE:

- Schau dir an wie du mit deinen Freunden umgehst. Treffen alle fünf Punkte auf dich zu, oder siehst du noch Verbesserungspotenzial? Wie kannst du diese fünf Punkte mehr in deine Freundschaften einbringen?

5.5 WAS IST BESSER: BELIEBTE ODER UNBELIEBTE FREUNDE?

Dies ist eine Frage, die mir tatsächlich mehrmals geschickt wurde. Auf eine gewisse Art und Weise kann ich das immer noch nicht fassen. Deshalb will ich ein für alle Mal klarstellen: **Freunde sind nicht dafür da, um bei anderen beliebt zu sein**. Echte Freundschaften sind keine Zweckbeziehungen, um deinen Status oder dein Ansehen bei anderen Leuten zu erhöhen. Ich würde das Wort „Freundschaft" niemals für so eine Beziehung missbrauchen. Das sind Zweckbeziehungen, die auch ihren Sinn haben können, aber absolut nichts mit einer echten Freundschaft zu tun haben.

Eine echte Freundschaft basiert auf einer emotionalen Verbindung. Dir sollte es egal sein, ob die andere Person beliebt ist oder nicht. Wenn einer deiner Freunde der populärste Mensch in der ganzen Stadt ist UND ihr seid tolle Freunde: super! Seine Popularität sollte aber nichts mit eurer Freundschaft zu tun haben. Du solltest genauso gut mit ihm befreundet sein, wenn er der größte Außenseiter der Stadt wäre. Solange du dich bei ihm wohlfühlst und ihr eine hervorragende Verbindung zueinander habt, dann ist es auch ein guter Freund. Eine echte Freundschaft beruht auf einer guten Verbindung zwischen euch beiden und nicht darauf, welches Bild andere Menschen von deinem Freund haben.

ZUSAMMENFASSUNG:

- Dir sollte es egal sein, ob ein guter Freund beliebt oder unbeliebt ist.
- Deine Freundschaft zu ihm sollte nicht auf Oberflächlichkeiten basieren, sondern darauf, ob du ihn magst oder nicht.

5.6 TIEFE GEHT ÜBER BREITE

Bei echten Freundschaften geht es niemals um die Breite, sondern immer um die Tiefe. Wie tief ist eure Beziehung und wie vertraut seid ihr miteinander? **Nur wer tiefe Freundschaften hat, ist wirklich reich.** Natürlich ist es schön, einen großen Bekanntenkreis zu haben und viele weniger tiefe Beziehungen zu haben, denn solche Beziehungen sind für viele Bereiche sehr hilfreich, beispielsweise für die Karriere oder um dazuzulernen. Doch wenn du das Gefühl einer echten Verbindung haben möchtest und wirkliche Erfüllung in deinem Leben suchst, dann wirst du mit diesen oberflächlichen Beziehungen nicht weit kommen. **Erst mit echter Tiefe kommt Erfüllung.** Wenn du tiefe Freundschaften hast, dann kennst du auch den folgenden Moment: Hast du es schon einmal erlebt, dass du einem guten Freund in die Augen geschaut hast und ihr konntet euch ohne ein einziges Wort schweigend verstehen? In diesem Moment weißt du, dass du eine wirklich tiefe Freundschaft zu jemandem hast. Oder kennst du den ultimativen Freundschafts-Test? Wie wohl fühlst du dich, wenn ihr ohne zu reden längere Zeit im Stillen nebeneinandersitzt? Fällt es dir leicht oder kommt ein angespanntes Gefühl in dir auf?

Wenn dein Ziel also ist (wovon ich ausgehe, sonst hättest du dieses Buch ja nicht in die Hand genommen), echte und tiefgehende Freundschaften aufzubauen, fokussiere dich auf die Tiefe eurer Beziehung und nicht auf die Masse der Menschen, die du kennst. **Am Ende deines Lebens wirst du vielleicht vier- oder fünftausend Menschen gekannt haben, aber nur von sechs oder sieben besten Freunden sprechen.**

ZUSAMMENFASSUNG:

- Es ist gut, viele Bekanntschaften zu haben, doch echte Freundschaft entsteht nicht über Breite, sondern über Tiefe.
- Erst mit echter Tiefe kommt Erfüllung.

- Du magst Tausende Leute kennen, doch nur eine Handvoll wird dich wirklich glücklich machen.

5.7 FREUNDE OHNE GLEICHE INTERESSEN

Eine Frage, die ich im Vorfeld dieses Buchprojekts häufig geschickt bekommen habe, ist: „Ist es denn möglich, gute Freunde zu haben, die gar nicht die gleichen Interessen teilen?" Die Antwort ist einfach: **Logisch!**

Zwar machen viele Gemeinsamkeiten eine Beziehung unkomplizierter und du kannst wunderbare Freundschaften auf Gemeinsamkeiten aufbauen. **Aber wirklich interessant wird es doch erst durch die kleinen Unterschiede. Noch spannender wird es, wenn ihr gar keine Gemeinsamkeiten habt.** Ja, genau, wenn ihr gar keine habt! Das ist vielleicht eine Antwort, die du nicht erwartet hast, doch aus meiner Erfahrung **basieren die tiefsten und besten Freundschaften auf „nichts".** Auf gar nichts, außer der Freundschaft. Sie haben keine Basis wie ein gemeinsames Hobby, eine gemeinsame Karriere, ein gemeinsames Interesse oder ein gemeinsames Ziel. Nein, die besten Freunde sind ganz einfach Freunde, weil sie Freunde sind.

Ein spannendes Beispiel dazu sind Michael und ich. Michael habe ich bereits einige Male erwähnt. Wir sind beste Freunde, aber haben tatsächlich absolut keine Gemeinsamkeiten. Wir haben keinen gemeinsamen Freundeskreis, wir haben keine gemeinsamen Ziele, wir haben unterschiedliche Interessen und sind unterschiedliche Persönlichkeiten. Dennoch sind wir seit fast einem Jahrzehnt beste Freunde.

Versuche Freundschaft nicht auf der rationalen Basis anzugehen und zu denken, dass ihr unbedingt gleiche Interessen haben müsst. **Ihr könnt auch einfach Freunde sein, um Freunde zu sein.** Gerade dann sind es vielleicht sogar die wirklich besten Freunde. Du kannst dir gute Freunde nämlich auch wie zwei Puzzleteile vorstellen. Sie sind verschieden und doch passen sie perfekt zusammen, weil sie sich gegenseitig ergänzen. **Was somit am Ende** eurer Freundschaft entsteht, kannst du vorher noch gar nicht wissen.

Natürlich habe ich auch über Gemeinsamkeiten in der Vergangenheit viele Freunde gefunden. Sport oder Musik sind Hobbys, die sich hervorragend eignen, um Freunde zu finden. In meinem Fall haben sich auch über das gemeinsame Interesse an der Persönlichkeitsentwicklung spannende Freundschaften ergeben. Für dich heißt das also: Baue Freundschaften mit Leuten auf, mit denen du Gemeinsamkeiten und ähnliche Interessen hast. Doch lasse dies nicht zu einem limitierenden Faktor werden. **Verbiete dir nicht, Leute kennenzulernen, mit denen du vielleicht gar nichts gemeinsam hast.** Auch, wenn ihr keine gleichen Interessen habt, ihr könnt dennoch beste Freunde werden.

ZUSAMMENFASSUNG:

- Gemeinsamkeiten sind super für eine Freundschaft, doch sie sind nicht der entscheidende Faktor für eine hervorragende Freundschaft.
- Gemeinsamkeiten helfen beim Entstehen einer Beziehung, interessant wird es jedoch erst durch die kleinen – oder großen – Unterschiede.

AUFGABE:

- Überlege einmal: Worauf basieren die meisten deiner Freundschaften? Gemeinsamen Hobbies, Zielen, Interessen? Hast du Freundschaften, die auf „nichts" basieren? Die Freundschaften nur der Freundschaft wegen sind? Wie sind diese Freundschaften zustande gekommen?

5.8 WAS UNTERSCHEIDET GUTE FREUNDE VON BESTEN FREUNDEN?

Der Unterschied zwischen guten Freunden und besten Freunden ist **häufig nicht mehr als ein Gefühl**. Der graduelle Unterschied ist, wie das Konzept Freundschaft selbst, **schwer in Worte zu fassen**. Trotzdem werde ich hier einmal versuchen zu klären, was die wirklich besten Freunde von guten Freunden unterscheidet.

Beste Freunde sind für dich wie eine gute Familie. Du kannst ihnen alles erzählen, ihnen alles anvertrauen und sie werden dir alles verzeihen. Du spürst ganz einfach, dass eure Verbindung viel tiefer und vertrauter ist.

Guten Freunden begegnest du häufig in einem bestimmten Bereich. Zum Beispiel geht ihr beide einem Hobby nach, habt ein gemeinsames Interesse, verfolgt ein gemeinsames Ziel und seid deswegen Freunde. Guten Freunden wirst du in der Regel nicht alles erzählen. Du hast ein paar Geheimnisse vor ihnen. Oder hast Freunde für einen bestimmten Bereich. Beispielsweise hast du Freunde mit denen du gerne über philosophische Themen redest, du hast einen Freund, mit dem du gerne Feiern gehst, einen, zu dem du immer gehst, wenn du Inspiration suchst und einen anderen Freund für gemeinsame sportliche Aktivitäten. Das heißt, du hast unterschiedliche Arten von Freunden. Im Vergleich wird dir auffallen, dass die Ebene der Vertrautheit und die Tiefe eurer Beziehungen jeweils unterschiedlich ist.

Ein wesentlicher Unterschied besteht dabei in der Art, wie ihr miteinander kommuniziert. **Gute Freunde sind nett zueinander. Die besten Freunde hingegen beleidigen sich aufs Übelste.** Das klingt jetzt vielleicht erst mal komisch, aber denk doch einmal an einen deiner besten Freunde. Wahrscheinlich liebt ihr euch heiß und innig, trotzdem werft ihr euch einen frechen Satz nach dem anderen an den Kopf. Das interessanteste Beispiel, das mir dazu einfällt, ist ein Bild, was ich vor einigen Jahren online gesehen habe. Es hat den Unterschied zwischen Freunden und besten Freunden für mich sehr schön auf den Punkt gebracht.

Das Bild war eine Grußkarte an jemanden, der im Krankenhaus lag. Auf dem Bild konntest du zehn Leute sehen. Neun von diesen Leuten hielten ein großes Schild in der Hand auf dem „Hoffentlich wirst du bald wieder gesund!" stand. Nur einer der zehn stand etwas abseits der Gruppe, hatte ein riesiges Grinsen im Gesicht und hielt stolz ein Schild hoch mit der Beschriftung: „Ich hoffe, du stirbst!" Genau daran siehst du den Unterschied zwischen guten Freunden und besten Freunden. Beste Freunde lieben sich sehr und wissen das auch. Deswegen haben sie keinerlei Scheu, miteinander frei umzugehen. Im Gegenteil, genau dieser Umgang macht ihre Freundschaft noch viel vertrauter.

Wie im letzten Kapitel bereits als Beispiel erwähnt, ruhen die besten Freundschaften häufig auf gar nichts. Sie basieren nicht auf einem bestimmten Hobby, Interesse oder gemeinsamen Ziel, sondern sie sind ganz einfach da. **Ihr seid Freunde, weil ihr Freunde seid und nicht, weil ihr eine bestimmte Gemeinsamkeit habt.** Diese Freundschaften haben häufig das größte Potenzial, zu einer intensiven und erfüllten Freundschaft zu werden.

ZUSAMMENFASSUNG:

- Die Beziehung zum besten Freund ist wie gute Freundschaft generell schwer in Worte zu fassen. Sie ist vor allem ein Gefühl.
- Einem besten Freund gegenüber hast du tieferes Vertrauen und scheust dich daher auch nicht, alles mit ihm zu teilen.
- Gute Freunde sind nett zueinander, beste Freunde sind frech zueinander.

- Die Beziehung zum besten Freund basiert auch mal auf nichts. Sie gründet sich auf kein Hobby, kein Interesse, sondern sie existiert der menschlichen Freundschaft wegen.

5.9 AKZEPTANZ

Für eine wirklich enge Freundschaft darfst du eine Verhaltensweise nicht an den Tag legen: urteilen. **Eine enge Freundschaft darf keine Urteile enthalten**, denn diese stehen dem Vertrauen im Weg. Stattdessen solltest du das genaue Gegenteil machen. **Wenn du mit einer Person befreundet sein möchtest, dann nimm sie so, wie sie ist** – mit all ihren Stärken und all ihren Schwächen.

Häufig durchlaufen wir in Beziehungen ein bestimmtes Muster, nicht nur in unseren Freundschaften, sondern interessanterweise auch in unseren romantischen Beziehungen. Wir sehen andere Menschen, genauso wie den Rest der Welt, **nicht wie sie sind, sondern durch den Filter unserer Glaubenssätze**. Man kann sich das so vorstellen, dass wir die Welt durch eine bestimmte Brille sehen. Diese Brille färbt die Welt, je nachdem, was in unseren Köpfen vorgeht und worauf wir uns fokussieren.

Gerade am Anfang einer Beziehung, wenn wir eine Person kennenlernen, ist diese Brille häufig rosarot. Wir alle kennen den Ausdruck „Die Welt durch eine rosarote Brille sehen." Gerade aus romantischen Beziehungen kennen wir aber auch den Verlauf, dass wir diese Brille nach einer gewissen Zeit ablegen und plötzlich die andere Person so sehen, wie sie ist. Doch tun wir das wirklich? Sehen wir die Person auf einmal wirklich so, wie sie ist, oder haben wir unseren Fokus nur auf die negativen Dinge gelegt? Häufig ist eher Letzteres der Fall. Lass uns den kompletten Prozess einmal durchgehen.

Nehmen wir an, du hast einen guten Freund und ihr versteht euch unglaublich gut. Du hebst ihn geradezu auf ein Podest und denkst dir, dass das bestimmt eine lange und gute Freundschaft werden wird. Doch irgendwann werden dir natürlich Kleinigkeiten auffallen, die dir nicht gefallen. Vielleicht wird er einen Fehler machen, wird eine Verhaltensweise an den Tag legen, die dich ärgert, oder irgendetwas anderes wird dir an ihm auffallen, was das Bild, das du von ihm hattest, stört. Wie du siehst, es ist genau das gleiche Muster wie in einer romantischen Beziehung. Jetzt siehst du ihn nicht, wie er als Person ist, sondern plötzlich fängst du an, nur noch die Makel zu sehen. Du bist also von dem einen Extrem, die Welt durch eine **rosarote Brille** zu sehen, in ein anderes Extrem, die Welt durch eine **graue Brille** zu sehen, geraten. Du siehst nur noch das Negative. Dies ist eine Falle, in die du auf gar keinen Fall tappen darfst, denn wenn du über Menschen so harsch urteilst, dann wirst du dir jede Beziehung, jede Bekanntschaft und jede enge Freundschaft damit langfristig zerstören.

Was solltest du stattdessen tun? **Nimm die Person, wie sie ist.** Sieh die **positiven Seiten** eurer Freundschaft und erkenne gleichzeitig an, dass jeder Mensch – auch dieser Freund – **Makel** hat. Genauso übrigens wie du. Auch du hast Makel. Was glaubst du, wie du dich fühlen würdest, wenn sich ein guter Freund plötzlich nur auf deine negativen Seiten konzentrieren würde? Glaubst du, es würde eurer Freundschaft helfen oder schaden? Glaubst du, er würde sich dir gegenüber anders verhalten? Glaubst du, du würdest dich in seiner Gegenwart plötzlich anders fühlen? Ganz bestimmt. **Von daher urteile nicht über deine Freunde, sondern akzeptiere sie.** Sonst wärt ihr keine Freunde.

Akzeptanz hat natürlich auch Grenzen: Solltest du selbst in keines der Extreme fallen und trotzdem vermehrt einen negativen Einfluss durch die Person erfahren, dann solltest du eure Freundschaft überdenken. Wertschätzt du diese Freundschaft so sehr, dass du über den negativen Einfluss hinwegschauen kannst? Oder schadet dir die Person? Im letzteren Fall solltest du die Freundschaft besser beenden. Dies ist etwas, was du für dich selbst entscheiden musst, doch tappe dabei niemals in die Falle der Extreme: einen Freund nur durch die rosarote oder die graue Brille zu betrachten. **Sieh deine Freunde nicht besser und nicht schlechter, als sie sind, sondern einfach so, wie sie sind.**

ZUSAMMENFASSUNG:

- Eine enge Freundschaft darf kein Urteil enthalten. Urteilen steht Vertrauen immer im Weg.
- Akzeptiere deine Freunde mit allen Stärken und Schwächen.
- Falle in keins der Extreme: Trage keine rosarote, aber auch keine graue Brille.
- Solltest du in keines der Extreme fallen und trotzdem vermehrt einen negativen Einfluss durch die Person erfahren, dann solltest du eure Freundschaft überdenken.

AUFGABE:

- Gibt es einen Freund den du aktuell zu sehr durch eine graue Brille siehst? Was kannst du Positives an ihm finden, was du früher wahrgenommen, aber zwischenzeitlich vergessen hast?

5.10 LERNE DIE ANDERE PERSON RICHTIG KENNEN

Eine Sache, die uns bei Freundschaften häufig im Weg steht, ist, **dass wir Menschen oft nur auf einer oberflächlichen Ebene kennenlernen.** Wir erfahren schnell etwas über ihren Job, ihre Hobbys, ihre Musikvorlieben und vielleicht auch über ihre Ziele, aber wir kommen oft nicht wirklich auf eine tiefere, emotionale Ebene. Erst auf dieser Ebene erkennen wir aber ihren wirklichen Kern – und sehen nicht nur das soziale Konstrukt der Person.

Glücklicherweise können wir das ändern und zwar durch eine Änderung der Einstellung: **Sei fasziniert von der anderen Person!** Wenn du mit jemandem eine enge Freundschaft aufbauen möchtest, dann lerne die Geschichte dieses Menschen kennen. Lerne seine Emotionen kennen, seine Weltsicht, was ihn antreibt, was seine Leidenschaften sind und auch, warum genau das seine Leidenschaften sind. Dies ist ein Prozess, der manchmal länger dauert, manchmal aber auch sehr schnell gehen kann. Stelle es dir am besten als verschiedene Ebenen vor, die du nach und nach erreichst.

Wenn du jemanden kennenlernst, wirst du wahrscheinlich zuerst nur ein oberflächliches Bild dieser Person wahrnehmen. **Du wirst eher oberflächliche Antworten bekommen und häufig nur ihr soziales Konstrukt kennenlernen.** Dies macht dein Gegenüber nicht aus Boshaftigkeit, sondern einfach, weil ihr euch noch nicht gut genug kennt. Dementsprechend wird ein anderer Mensch dir auch nur so weit Einblick in seine Persönlichkeit gewähren, wie er dir vertraut. Genauso wie du es anderen Menschen gegenüber auch tust. Dies ist ein vollkommen normaler Prozess. **Doch mit der Zeit sollte es dein Ziel sein, immer eine Ebene weiter vorzudringen und euer Vertrauen zu vergrößern.**

Einem deiner besten Freunde wirst du in der Regel mehr anvertrauen als einer Person, die du gestern Nachmittag erst kennengelernt hast.

Der wichtigste Punkt ist immer, dass du von der anderen Person wirklich fasziniert bist und sie kennenlernen möchtest. **Dass du das nähere Kennenlernen nicht als etwas siehst, was du tun musst, sondern was du unbedingt willst**. Wie du merkst, ist dies auch etwas, das du nicht faken kannst. **Emotionen sind –** wie immer – **wichtiger als Worte**. Je authentischer deine Emotionen und dein Wille sind, die Person wirklich kennenlernen, desto schneller wird das Ganze auch Früchte tragen.

Lass mich dir dazu eine kleine Geschichte erzählen. Ich bin mit einer guten Freundin nach Köln gereist, um ihr diese Stadt zu zeigen, in der ich einige Jahre gelebt habe. Dabei hat sie zwei meiner Freunde kennengelernt: einen guten Freund und einen meiner besten Freunde. Mein guter Freund begegnete ihr sehr oberflächlich, fragte, was sie beruflich macht, was ihre Hobbys sind, was sie in ihrer Freizeit macht. Sein Interesse blieb dabei sehr an der Oberfläche. Dadurch ist zwischen den beiden auch kein echtes Vertrauen entstanden. Sie selbst sagte mir, es wirkte sehr oberflächlich, als hätte er gar kein wirkliches Interesse daran, sie kennenzulernen. Während einer meiner besten Freunde hingegen ihr plötzlich ganz andere Fragen stellte. Zum Beispiel: „Wie fühlst du dich hier? Was möchtest du in Nordrhein-Westfalen unbedingt auch noch sehen? Kann ich etwas tun, damit du dich hier wohler fühlst? Was hat dich überhaupt dazu gebracht, Köln einmal zu besuchen?" Natürlich haben sich die beiden viel besser verstanden und vertrauten sich sofort.

Das Wichtige dabei ist nicht der Unterschied der Fragen, sprich „Was machst du beruflich?" versus „Wie fühlst du dich?", sondern die Intention dahinter. Alleine die Intention wird die Frage und den emotionalen Ton dahinter verändern. Während der eine Freund nicht wirklich interessiert daran war, sie kennenzulernen, war der andere tatsächlich fasziniert davon, wer diese Person ist.

Von dieser Faszination ausgehend wirst du eine komplett andere Ausstrahlung auf Menschen haben. Du machst es ihnen so viel leichter, eine authentische Beziehung aufzubauen. **Lerne die andere Person wirklich kennen, indem du fasziniert von ihr bist!**

ZUSAMMENFASSUNG:

- Wir lernen Menschen häufig nur oberflächlich kennen, es sei denn, wir entwickeln eine Faszination für die andere Person.
- Sieh es als verschiedene Ebenen, die du nach und nach durchbrichst.
- Faszination ist etwas, das du nicht faken kannst. Emotion ist hier – wie immer – wichtiger als die Worte, die du sagst.

AUFGABEN:

- Wie begegnest du neuen Bekanntschaften? Bist du neugierig wer die andere Person ist, oder bleibst du mehr auf Abstand?
- Was muss für dich passieren, dass du ab jetzt neugieriger und interessierter an der anderen Person bist, um sie dadurch WIRKLICH kennenzulernen?

5.11 VERLETZLICHKEIT

Um eine enge Freundschaft entstehen zu lassen, musst du, wie wir im letzten Kapitel besprochen haben, eine Person wirklich kennenlernen. **Doch du musst auch deinem Gegenüber die Chance geben, dich wirklich kennenzulernen.** Eine enge Freundschaft entsteht erst dann, wenn dich die Person genauso gut kennt wie du sie. Gib einem anderen Menschen also die Möglichkeit, die verschiedenen Ebenen des Vertrauens auch bei dir zu beschreiten und eine Ebene nach der anderen zu erreichen.

Um eine **tiefe Freundschaft** entstehen zu lassen, brauchst du **Vertrauen**. Um **Vertrauen** entstehen zu lassen, brauchst du **Verletzlichkeit**. Du selbst musst dich verletzlich machen und dich persönlich öffnen, um der anderen Person überhaupt die Möglichkeit zu geben, dich kennenzulernen. Zudem gibst du dem anderen damit die Erlaubnis, das Gleiche zu tun. **Wenn du einen Teil deiner Persönlichkeit offenbarst, gibst du der anderen Person die Sicherheit, dass sie das auch tun kann, ohne Konsequenzen zu befürchten.** Dass sie nicht dafür verurteilt oder verletzt wird, wenn sie sich ein Stück weiter öffnet. Du kannst niemals erwarten, dass andere Menschen etwas zuerst machen. Wenn du es nicht machst, dann macht es keiner.

Für diese Verletzlichkeit brauchst du einen gewissen Mut. Denn, wie das Wort schon sagt, je mehr du dich öffnest, desto leichter ist es auch, von anderen Menschen verletzt zu werden. **Damit sind wir in einer Zwickmühle.** Viele Menschen haben keine engen Freundschaften, weil sie sich nicht trauen, sich verletzlich zu machen. Dies resultiert häufig daraus, dass sie sich in der Vergangenheit irgendwann einmal verletzlich gemacht haben – und auch verletzt wurden. Daraufhin haben sie sich komplett verschlossen und trauen sich nun nicht mehr, sich einer anderen Person noch einmal zu öffnen.

Lass mich dir dazu eine wichtige Sache sagen: **Verletzt zu werden ist Teil des Lebens.** Nenne mir eine Person, welche nach einem achtzig oder neunzig Jahre langen Leben nicht einmal emotional verletzt wurde! Es gibt vermutlich niemanden. **Verletzt zu werden ist Teil der menschlichen Erfahrung.**

Die Angst davor, verletzt zu werden, führt häufig dazu, dass Leute sich komplett verschließen. Mit dieser Verschlossenheit bleiben den Menschen echte, erfüllende Freundschaften verwehrt. Sie haben nur oberflächliche Beziehungen.

Ich weiß nicht wie es dir geht, aber ich werde lieber gelegentlich verletzt, als nur oberflächliche Beziehungen zu haben. Es werden dich bei weitem nicht so viele Menschen verletzen, wie der Verstand es dir manchmal glauben machen will. Der Verstand ist sehr gut darin, aus einer Mücke einen riesigen Elefanten zu machen. Das Leben ist jedoch viel zu kurz, um es auch nur eine Sekunde in der Defensive zu spielen. Wer das Leben in der Defensive spielt und sich zurückzieht, der hat eh schon verloren.

Genauso, wie du von der anderen Person fasziniert sein solltest, gib anderen Menschen auch die Möglichkeit, dich wirklich kennenzulernen. **Habe den Mut, dich verletzlich zu zeigen.**

ZUSAMMENFASSUNG:

- Gib der anderen Person die Chance, dich kennenzulernen, indem du dich verletzlich machst.
- Lieber einmal verletzt werden, als immer nur oberflächliche Beziehungen haben.
- Wer das Leben in der Defensive spielt, hat schon verloren.
- Freundschaft entsteht durch Vertrauen, Vertrauen entsteht durch Verletzlichkeit.

AUFGABE:

- Fällt es dir leicht oder schwer, dich verletzlich zu machen? Wenn es dir leichtfällt: großartig! Wenn es dir schwerfällt: Was glaubst du, woran das liegt? Wurdest du in der Vergangenheit bereits verletzt? Lass allen Ärger und alle Ängste fallen, die du deswegen noch mit dir herumträgst. Sie belasten dich nur und stehen dir für zukünftige Freundschaften im Weg.

5.12 NIMM DEINE FREUNDE MIT AUF EINE REISE

Einer der besten Wege, um mit jemandem eine enge Freundschaft aufzubauen, ist, die andere Person an deinem Leben und deinen Lieblingsdingen teilhaben zu lassen. **Nimm deine Freunde also mit auf eine Reise durch dein Leben.** Erzähle nicht einfach nur die ganze Zeit, was du machst, sondern zeige es ihnen! Stelle deinem neuen Freund andere Freunde vor, zeige ihm deine Hobbys, deine Lieblingsmusik, deine Ziele und was du jeden Tag dafür tust, um sie zu erreichen. Gehe mit ihm in deine liebsten Restaurants, Cafés, Clubs und an andere Lieblingsorte. **Lass neue Freunde an all den Dingen teilhaben, die dein Leben lebenswert machen.**

Reden ist gut, um jemanden kennenzulernen, doch am Ende entsteht Freundschaft dadurch, dass ihr gemeinsame Erfahrungen habt. Lass, um neue Freundschaften zu entwickeln, also Menschen direkt an deinem Leben teilhaben.

ZUSAMMENFASSUNG:

- Nimm die andere Person auf eine Reise durch dein Leben.
- Reden ist gut, um jemanden kennenzulernen, doch erst, wenn du eine Person an deinem Leben, deinen Interessen und deinen Lieblingsorten teilhaben lässt, wird eine wirklich enge Freundschaft entstehen.

AUFGABE:

- Wie kannst du deine Freunde mehr an deinem Leben teilhaben lassen? Nimm sie mit auf eine Reise!

5.13 AUS JEDER BEZIEHUNG EINE ENGE BEZIEHUNG MACHEN?

Hier muss ich dich direkt enttäuschen. **Du kannst nicht aus jeder oberflächlichen Beziehung eine enge Beziehung machen.** Natürlich kannst du deine Beziehung und deine Freundschaft zu jeder Person verbessern, doch zu wirklich besten Freunden kannst du nicht mit jedem werden. Das ist keine schlechte Nachricht, denn dies sollte auch nicht dein Ziel sein. Dein Ziel sollte es nicht sein, jede Beziehung tief werden zu lassen, sondern die Leute zu finden, mit denen du eine gemeinsame Ebene hast, bei denen du dann all das, was du hier in diesem Buch lernst, anwendest, um dann die erfülltesten Freundschaften deines Lebens zu gestalten.

Das Schöne dabei ist, vieles von dem, was hier beschrieben wird, passiert bei Menschen, mit denen du auf einer Wellenlänge bist, ganz automatisch beziehungsweise es fällt sehr viel leichter. Mit dem Wissen aus diesem Buch kannst du diese Prozesse dann erkennen, für dich nutzen und auch beschleunigen. Doch die Methoden, die du in diesem Buch lernst, auf jede Person und jede Beziehung anzuwenden, wird nicht funktionieren – und sollte es auch nicht. Warum solltest du versuchen eine Beziehung mit einer Person zu vertiefen, mit der die Chemie von vorneherein nicht stimmt, anstatt den Fokus auf Menschen zu richten, mit denen du dich von Anfang an gut verstehst? Genau, es ergibt keinen Sinn!

ZUSAMMENFASSUNG:

- Du wirst nicht jede Beziehung zu einer engen Freundschaft gedeihen lassen können.
- Ziel sollte es nicht sein, jede Beziehung tief werden zu lassen, sondern die Leute zu finden, mit denen du eine ähnliche Wellenlänge hast. Vieles in diesem Buch Beschriebene wird in dieser Konstellation automatisch bzw. sehr viel leichter passieren.

5.14 DIE UNSICHTBARE MATERIE

Du wirst in all deinen zwischenmenschlichen Beziehungen, vor allem aber bei deinen Freundschaften, einen besonderen Faktor entdecken, der für dich arbeitet. **Es ist die unsichtbare Materie: die Zeit.**

Zeit ist etwas, das du immer beachten solltest, denn wenn du einer Beziehung einfach genug Zeit gibst, regelt sich das meiste von alleine. Du bekommst mit der Zeit mehr Mut, um verletzlich zu sein, mit der Zeit teilst du automatisch mehr Erfahrungen, mit der Zeit werdet ihr euch automatisch besser kennenlernen, mehr vertrauen und eure Freundschaft wird automatisch mehr gedeihen. Wahre Freundschaft kann manchmal wie eine sehr langsam wachsende Pflanze sein.

Viele Leute verderben sich genau das durch ihre Ungeduld. Dadurch, dass sie jetzt sofort ein besseres Umfeld haben wollen, dadurch dass sie jetzt sofort ein größeres Netzwerk haben wollen. Allein, wenn du diesen kleinen Fehler, ungeduldig zu werden, vermeidest und die Zeit für dich arbeiten lässt, wird sich vieles von alleine regeln. Was passiert, wenn du plötzlich deinen Fokus auf Geduld und Zeit legst? Du lehnst dich mehr zurück. Du versuchst nicht, Dinge zu forcieren, ein bestimmtes Bild nach außen zu projizieren, zwanghaft interessanter zu wirken oder schneller Vertrauen aufzubauen. **Nein, du lehnst dich entspannt zurück und vertraust darauf, dass sich mit der Zeit alles von alleine regelt.**

Genau dadurch wendest du interessanterweise viele der hier vorgestellten Konzepte automatisch an. Auch kannst und solltest du nicht kontrollieren, wie schnell sich eine Freundschaft entwickelt. Mit manchen Menschen wirst du sofort auf einer Wellenlänge sein, mit anderen wirst du hingegen etwas mehr Zeit brauchen. Dies muss nicht unbedingt an dir liegen, sondern es kann auch an der anderen Person liegen. Je nachdem, wie schnell du dich einem anderen Menschen öffnest oder wie schnell er sich dir gegenüber öffnet, und je nachdem, wie schnell du einer anderen Person vertraust oder wie schnell ein anderer Mensch dir vertraut. Ich möchte dir dazu zwei Beispiele geben:

Ein guter Freund von mir, Joe, ist jemand, mit dem ich mich auf Anhieb verstanden habe. Wir haben uns zum ersten Mal gesehen und waren sofort auf einer Wellenlänge, hatten eine ähnliche Vergangenheit und ähnliche Ziele. Deswegen gab es sofort eine Grundlage, auf der unsere Freundschaft entstanden ist. Das heißt, hier hat es keine zehn Minuten gedauert und wir haben beide gemerkt, dass das ein guter Freund wird.

Das genaue Gegenteil davon geschah bei einem meiner besten Freunde, Michael. Wir waren seit der siebten Klasse in der gleichen Stufe, haben uns zu Anfang jedoch abgrundtief gehasst. Erst ab der Oberstufe haben wir uns langsam kennengelernt, wodurch sich dann später eine meiner engsten und tiefsten Freundschaften entwickelt hat.

Allein an den beiden Beispielen merkst du, dass manche Freundschaften sehr schnell entstehen, man manchen Freundschaften aber einfach Zeit geben sollte. Ein Glaubenssatz, den ich für mich vor Jahren etabliert habe, ist: **Wenn ich genug Zeit mit einer Person verbringe, dann kann sie gar nicht anders, als mich zu mögen.** Diesen Glaubenssatz kannst du auch für dich übernehmen, denn es wird dabei helfen, sehr viel geduldiger zu sein, dich zurückzulehnen und die Zeit ganz einfach alles regeln zu lassen. **Wir können ohnehin nicht den präzisen Moment benennen, in dem eine Freundschaft entsteht.** Eine Freundschaft ist eher wie ein anfangs leerer Krug, der Tropfen für Tropfen gefüllt wird. Manchmal geht es schneller, manchmal dauert es länger, bis der Krug der Freundschaft reich und voll ist. Auf diesen Moment können wir nur warten, ihn jedoch nicht benennen und schon gar nicht erzwingen.

ZUSAMMENFASSUNG:

- Die Zeit ist als unsichtbare Materie immer auf deiner Seite.
- Das meiste regelt sich von alleine, einfach dadurch, dass du dich zurücklehnst, geduldig bist und die Zeit für dich arbeiten lässt.
- Manche Freundschaften wachsen schnell, während andere ihre Zeit brauchen.

AUFGABE:

- Gegenüber welchem Freund bist du zu ungeduldig? Gegenüber welchem Freund oder Bekannten warst du schon einmal zu ungeduldig und hast damit die Beziehung belastet oder sabotiert?

5.15 SEI FÜR DEINE FREUNDE DA

Das Universum gibt dir nicht das, was du willst, sondern das, was du verdienst. Genauso ist es mit deinen Freundschaften. Was du in deine Freundschaften investierst, was du in die Welt hinausgibst, das bekommst du auch zurück. Der einfachste Weg, Freundschaften zu entwickeln und zu vertiefen, ist, selbst ein hervorragender Freund zu sein. **Sei der Freund, den du selbst gerne haben möchtest**.

Verschwinde nicht, wenn es einem deiner Freunde nicht gut geht, sondern biete Hilfe an. Warte nicht darauf, bis es ihm schlecht geht, sondern sei schon vorher für ihn da.

Schaue dir einmal genau an, was Freunde oder Bekannte in der Vergangenheit gemacht haben, was dich verletzt hat und dann entscheide dich dazu, diese Fehler niemals zu machen. Definiere für dich ganz klar, welcher Freund du sein möchtest, um auch Freunde anzuziehen, die genau dieses Verhalten an den Tag legen.

Gerade Menschen, die häufig darüber meckern, dass der Großteil der Menschen da draußen egoistisch sei, dass sie immer nur die falschen Leute kennenlernten oder dass ihr Vertrauen in der Vergangenheit häufig missbraucht worden wäre, müssen einen ganz genauen Blick auf ihre eigene Persönlichkeit und ihr eigenes Verhalten werfen. **Du wirst immer das anziehen, was du in die Welt hinausgibst**. Wenn dein Vertrauen von Freunden missbraucht wurde, dann frage dich einmal, wo du vielleicht auf großem Weg oder vielen kleinen Wegen das Vertrauen deiner Freunde in der Vergangenheit missbraucht hast. Wenn du immer nur die falschen Menschen anziehst, die genau das Verhalten an den Tag legen, was du nicht magst, dann frage dich einmal selbst, inwiefern du selbst dich so verhältst?

Der schnellste Weg, einen Freund zu verlieren, ist Egoist zu sein. Der beste Weg, einen Freund zu haben, ist selbst ein Freund zu sein.

ZUSAMMENFASSUNG:

- Das Universum gibt dir nicht, was du willst, sondern was du verdienst.
- Alles, was du in die Welt hinaussendest, bekommst du auch zurück.
- Der einfachste Weg, wirklich gute Freundschaften zu entwickeln, ist es, der Freund zu sein, den du gerne haben möchtest.

AUFGABE:

- Welche Verhaltensweisen von Freunden gefallen dir überhaupt nicht? Frag dich einmal, inwiefern du diese selbst an den Tag legst.

5.16 VERZEIHE FEHLER

Jeder macht Fehler. Du, ich, deine Freunde, meine Freunde. Niemand von uns ist perfekt, **niemand von uns war perfekt oder wird jemals perfekt sein**.

Die schnellste Möglichkeit, um auf dem Weg zu deinen Zielen zu scheitern, ist Perfektionist zu sein. **Der schnellste Weg, eine Freundschaft zu zerstören, ist von Freunden Perfektion zu erwarten.**

Gehe ganz einfach davon aus und erwarte auch, dass deine Freunde Fehler machen werden. Genauso wie du davon ausgehen und erwarten solltest, dass du Fehler machen wirst. Solange es kein massiver Vertrauensbruch ist, der nie wieder heilbar ist, verzeihe es der anderen Person. Ich bin mir sicher, du hast in der Vergangenheit auch schon einige Fehler gemacht, die dir von deinen Freunden verziehen wurden. Hätten sie dir diese Fehler nicht verziehen, wäre eure Freundschaft vielleicht sofort in die Brüche gegangen.

Sei also nicht derjenige, der über Wochen, Monate oder vielleicht sogar Jahre Wut gegenüber einer anderen Person hegt. Dafür ist das Leben viel zu kurz! Wenn du nicht bereit bist, kleine, teilweise auch größere Fehler zu verzeihen, dann wirst du bei deinen Freundschaften nicht weit kommen.

ZUSAMMENFASSUNG:

- Perfektionismus ist der schnellste Weg, um Freundschaften zu zerstören.
- Gehe davon aus, dass deine Freunde Fehler machen werden, genauso wie du.
- Sei bereit, diese Fehler zu verzeihen und hege niemals über längere Zeit Wut gegenüber deinen Freunden.

AUFGABE:

- Gibt es etwas, was du einem Freund noch nicht verziehen hast? Was glaubst du, wie dies eure Freundschaft beeinflusst? Verzeihe es ihm! Wenn du willst, setz dich sogar mit ihm hin und redet darüber. Schaff es ein für alle Mal aus der Welt!

5.17 SPRICH STÖRENDES AN!

Nachdem wir schon über Fehler gesprochen haben, sollten wir auch über andere Dinge reden, die Freundschaften sabotieren können. Dazu gehört, kleine Konflikte, Störendes oder kleine Fehler nicht anzusprechen.

Viele Menschen gehen genau diesen Weg, und sagen sich „Ich schlucke das jetzt herunter". Doch damit ist die Sache nicht erledigt, sondern es sammeln sich mit der Zeit einfach mehr Frust, mehr Ärger und mehr negative Emotionen an, die sich dann eines Tages mit einer großen Explosion ihren Weg bahnen. **Das kann eine Freundschaft kurz-, mittel- oder langfristig sabotieren – oder sogar direkt mit einem Schlag für immer eliminieren**.

Was du stattdessen tun solltest ist, wenn du etwas Kleines findest, das dich stört, das gegen deine Wertvorstellungen geht oder was du in einer Freundschaft einfach nicht tolerierst, sprich es sofort an. Dies wird dir unter Umständen schwerfallen, doch dadurch schädigst du deine Freundschaft nicht. Im Gegenteil, du stärkst sie sogar, indem du der anderen Person mehr Respekt zollst.

Freundschaft kann aus vielen Quellen entstehen, aber am reinsten ist sie, wenn sie aus gegenseitigem Respekt entspringt. Dazu zwei Beispiele:

Stelle dir einmal eine Person vor, die einen riesigen Wutausbruch hat und eine Freundschaft komplett in ein hochemotionales Drama verwandelt.

Als nächstes stelle dir eine Person vor, die etwas, das gegen ihre Wertevorstellungen geht oder etwas, was sie in einer Freundschaft einfach nicht toleriert, sofort offen, ehrlich und mit gegenseitigem Respekt anspricht.

Welche Person respektierst du mehr, welche Person hat die besseren Freundschaften? Ich denke, die Antwort ist eindeutig. **Sprich**

Dinge, die dich stören oder die deinen Wertvorstellungen nicht entsprechen, sofort an, um zu vermeiden, dass irgendwann ein großer Streit entsteht, der eine deiner Freundschaften womöglich dauerhaft gefährdet.

ZUSAMMENFASSUNG:

- Schlucke Störendes nie herunter, sondern sprich es offen und ehrlich an.
- Freundschaft kann aus vielen Quellen entspringen, doch am reinsten entspringt sie aus gegenseitigem Respekt.
- Sprich daher Dinge, die dich stören, respektvoll an und lasse sie nicht eines Tages in einer großen Explosion herauskommen.

5.18 WENN FREUNDE SICH VERÄNDERN

Gehe davon aus, **dass das passieren wird**. Lass uns auf die vier Situationen eingehen, wie sich deine Freundschaften verändern können.

1. Du wächst als Persönlichkeit, dein Freund hingegen nicht
2. Dein Freund wächst als Persönlichkeit, du hingegen nicht
3. Ihr wachst beide als Persönlichkeit, jedoch in verschiedene Richtungen
4. Ihr wachst zusammen in die gleiche Richtung

Es ist offensichtlich, dass Situation 1 und 2 zu Problemen führen können. Wenn du als Persönlichkeit wächst, einer deiner Freunde hingegen nicht, dann wird es irgendwann recht schwer, weiter einen Bezug zu ihm zu erhalten. Deine Weltsicht wird sich verändern, deine Ziele werden sich ändern, deine täglichen Verhaltensweisen und dein Wertesystem. **Es kann dadurch passieren, dass deine gewachsene Persönlichkeit nicht mehr zur „alten" Persönlichkeit des Freundes passt.**

Möglichkeit 2 ist die genau gegenteilige Variante, DU hörst auf, dich zu entwickeln. Währenddessen arbeitet einer deiner Freunde weiter an sich, steckt sich neue Ziele, entwickelt neue Interessen, verändert seine Weltsicht und arbeitet an seiner Persönlichkeit. **In diesem Szenario brauchst du dich nicht zu wundern, falls ihr irgendwann keinen gemeinsamen Boden mehr für eine vertraute Beziehung habt.**

Möglichkeiten 3 und 4 hingegen können funktionieren, denn nur, weil ihr euch in verschiedene Richtungen bewegt, heißt das nicht, dass sich eure Freundschaft verändert oder gar darunter leiden muss. Es kann sein, dass ihr unterschiedliche Interessen und Ziele entwickelt, doch eure Freundschaft niemals auf einer dieser Sachen basierte. Besonders bei deinen besten Freunden wird es, wie bereits gesagt, unter Umständen so sein, dass eure Freundschaft auf keiner Grundlage basiert, außer darauf, dass ihr Freunde seid. Ihr habt also keine gemeinsamen Interessen, keine gemeinsamen Hobbys, keine gemeinsamen Ziele, sondern ihr seid einfach Freunde, weil ihr Freunde seid. Gerade dabei wird es kein Problem sein, wenn ihr euch in unterschiedliche Richtungen entwickelt, denn eure Freundschaft basierte nie auf einer bestimmten Sache.

In anderen Fällen kann es allerdings so sein, dass eure Gemeinsamkeiten wegfallen und damit auch eure Freundschaft wegfällt. Beispielsweise pflegst du eine gute Freundschaft mit jemandem, den du kennengelernt hast, da er den gleichen Job hat wie du. Doch eines Tages entscheidet er sich um und gestaltet sein Leben komplett anders. Ihr wachst als Personen beide weiter in verschiedene Richtungen, doch da eure verbindende Gemeinsamkeit weggefallen ist, habt ihr euch plötzlich nichts mehr zu erzählen und verliert den Kontakt zueinander. Das kann passieren.

Option 4, also, dass ihr gemeinsam wachsen könnt, ist das Optimum. Was im Umkehrschluss auch bedeutet, dass du, wenn du an dir und deinem persönlichen Wachstum arbeitest, niemals deine Freunde vergessen solltest. Ganz im Gegenteil: Je mehr sich deine Freunde ebenfalls entwickeln, desto schneller entwickelst du dich, und desto mehr wachst ihr als Freunde durch eure gemeinsamen Erfahrungen auch zusammen.

ZUSAMMENFASSUNG:

- Geh davon aus, dass sich Freunde verändern werden, denn das ist etwas, was du nicht kontrollieren kannst.
- Es gibt vier Möglichkeiten: Du wächst und er nicht, er wächst und du nicht, ihr wachst in verschiedene Richtungen, ihr wachst zusammen.
- Die Optionen 1 und 2 führen häufig zu Problemen, Option 3 kann zu Problemen führen, wenn damit die gemeinsame

Grundlage eurer Freundschaft wegfällt, Option 4 führt zu einer noch stärker werdenden Freundschaft.

AUFGABE:

- Hast du dich mit einem deiner Freunde schon einmal auseinandergelebt? Wie ist das passiert? Was kannst du tun, damit du und deine Freunde zusammen noch viel mehr wachsen und sich entwickeln?

5.19 PROBLEME MIT FREUNDEN VON FREUNDEN

Was ist, wenn du einen sehr guten Freund hast, doch dieser auch sehr gut mit jemandem befreundet ist, den du überhaupt nicht leiden kannst? Dies ist eine Frage, die ich sehr häufig gestellt bekomme. Die Antwort ist gar nicht so schwierig: **Das sollte für dich kein Problem sein.**

Es ist natürlich unangenehm, immer wieder auf diese Person zu stoßen, die du nicht wirklich gut leiden kannst. Doch wenn es ein Freund von einem sehr guten Freund von dir ist, dann solltest auch du lernen, damit klarzukommen. **Du kannst nicht erwarten, dass jemand eine Freundschaft abbricht, nur um mit dir befreundet zu sein.**

Würdest du eine Freundschaft für einen anderen Freund abbrechen, oder würde sich plötzlich das Bild, was du von der Person hast, da sie einen deiner Freunde überhaupt nicht leiden kann und dich womöglich vor eine Wahl stellt, sehr verändern?

Nur weil einer deiner Freunde einen Freund hat, den du nicht leiden kannst, heißt es ja nicht, dass du auch ständig mit dieser Person Zeit verbringen musst. **Du kannst sie tolerieren und es bei deinem Freund auch ganz offen ansprechen, dass du diese Person nicht leiden kannst.**

Zudem stelle dir einmal folgende Frage: Wenn ein guter Freund von dir mit einem Menschen befreundet ist, den du eigentlich nicht leiden kannst, dann hast du vielleicht ein falsches Bild von dem Menschen. Vielleicht ist dir irgendwann etwas zu Ohren gekommen, was dein Bild von ihm so verändert hat oder du hast ihn einfach nur an einem schlechten Tag kennengelernt. Was auch immer es ist, anscheinend sieht dein Freund etwas in der anderen Person, was du nicht siehst. Frage ihn, was er an der anderen Person so mag und lerne es auch, dein Ego zur Seite zu stellen, um dem Freund deines Freundes noch einmal eine Chance zu geben.

Womöglich hast du hier die Möglichkeit, eine neue Freundschaft entstehen zu lassen. Selbst wenn nicht: **Die Kunst, ein glückliches Leben zu führen, besteht in vieler Hinsicht darin, auch mit den Menschen auszukommen, die du nicht besonders gut leiden kannst.** Wenn es ein Freund von einem deiner guten Freunde ist, den du nicht leiden kannst, dann solltest du um eurer Freundschaft willen vielleicht lernen, auch mit dieser Person auszukommen.

ZUSAMMENFASSUNG:

- Akzeptiere die andere Person, du musst ja nicht rund um die Uhr mit ihr Zeit verbringen.
- Sprich mit deinem Freund offen darüber, dass du seinen anderen Freund nicht magst, doch stelle ihn niemals vor die Wahl.
- Vielleicht hast du ein falsches Bild von dem Freund deines Freundes. Ändere das Bild von ihm und gib ihm so noch eine zweite Chance.
- Auch, wenn ihr keine Freunde werdet, lerne es zumindest, den Freund deines Freundes zu tolerieren.

AUFGABE:

- Gibt es einen Freund eines Freundes, den du überhaupt nicht leiden kannst? Frag deinen Freund, was er an der Person so mag und was er in ihr sieht. Vielleicht entdeckst du etwas, was dir vorher verborgen war!

5.20 SIND FREUNDE WIRKLICH FÜR IMMER?

Ja und nein. Es wird häufig gesagt, dass eine Freundschaft, die endet, nie eine echte Freundschaft war. Dieser Meinung kann ich nur zur Hälfte zustimmen. Für mich gibt es zwei Arten von Freundschaften. Es gibt **Freundschaften für verschiedene Lebensphasen** und es gibt **beste Freunde, die für immer bleiben**. Schauen wir uns beide einmal separat an.

Warum kommen und gehen bestimmte Freunde? **Zum einen entwickeln sich Freundschaften ganz einfach.** Dabei können sie sich eben auch auseinander entwickeln, da sich eure Interessen und eure Ziele verändern, oder weil ihr ganz einfach an verschiedene Orte zieht. Das heißt jedoch nicht, dass es vorher keine echte Freundschaft war. Es war ganz einfach eine gute Freundschaft für eine bestimmte Lebensphase. Genauso wie du romantische Partner für bestimmte Lebensphasen haben wirst, so wirst du auch Freunde für verschiedene Lebensphasen haben. Du hattest vielleicht bestimmte Freunde, die dich durch die Schulzeit begleitet haben, bestimmte Freunde, die dich durch die Universität begleitet haben, die dich durch bestimmte Phasen deiner Karriere begleiten oder die dich bei bestimmten Hobbys begleiten. Nur weil eine Freundschaft endet, heißt das also nicht, dass es niemals eine echte Freundschaft war. **Es war nur ganz einfach eine Freundschaft für eine bestimmte Lebenszeit.**

Es heißt im Übrigen aber auch nicht, dass die Freundschaft für immer zu Ende ist. Vielleicht hattest du auch schon einmal mit einem Freund eine längere Zeit keinen Kontakt mehr, bis ihr eines Tages wieder zusammengefunden habt, um eure Freundschaft wieder aufblühen zu lassen. Das ging mir beispielsweise mit einem meiner besten Kindheitsfreunde so, den ich nach der Schule lange Zeit nicht gesehen hatte. Einige Jahre, nachdem ich mein Abitur abgeschlossen hatte, kontaktiere ich ihn und unsere Freundschaft blühte wieder auf.

An dieser Stelle möchte ich auf den Punkt, dass Freundschaften, die zerbrochen sind, häufig wegen Perfektionismus und/oder Ego auseinanderbrechen, zurückkommen. Gute Freundschaften können verdammt viel aushalten, doch wenn eine Person plötzlich einen kleineren oder größeren Fehler macht und keiner seinen Stolz hinter sich lassen kann, um sich zu entschuldigen oder den Fehler zu verzeihen, dann ist es auch kein Wunder, wenn eine Freundschaft, die vielleicht fürs Leben bestimmt war, auseinandergeht.

Die andere Art von Freundschaft sind Freunde fürs Leben. Diese besondere Art von Freundschaft habe ich auch schon mehrmals angesprochen. Es geht um die Freundschaft, die auf nichts basiert. Ihr seid Freunde, weil ihr Freunde seid und nicht, weil ihr bestimmte Hobbys oder gleiche Ziele habt. Heißt das, dass du dich auf diese Art von Freundschaft fokussieren solltest? Nein, auf keinen Fall! Versuche, so viele Freunde fürs Leben zu sammeln wie möglich. Dies sind Menschen, die dich wirklich durch alle Lebensphasen begleiten. Baue aber gleichzeitig auch Freundschaften für bestimmte Lebensphasen auf und erkenne, dass es ab und zu einfach normal ist, dass sich eure Wege wieder trennen. Dies muss nicht unbedingt darauf zurückzuführen sein, dass ihr euch nicht mehr leiden könnt, dass einer von euch einen großen Fehler gemacht hat oder ihr euch zerstritten habt. Es kann ganz einfach sein, dass ihr euch aufgrund unterschiedlicher Lebensphasen auseinanderentwickelt habt.

ZUSAMMENFASSUNG:

- Es gibt zwei Arten von Freundschaften: Freundschaften für verschiedene Lebensphasen und Freundschaften, die für immer bleiben. Diese Freundschaften können sich auch weiterentwickeln.
- Nur, weil sich eine Freundschaft verändert oder endet, heißt das nicht, dass ihr keine echten Freunde wart.
- Freundschaften, die eine Pause haben, können sich auch wieder intensivieren.

- Lasse niemals deinen Perfektionismus oder dein Ego einer Freundschaft in die Quere kommen.

5.21 SCHLECHTER EINFLUSS VON FREUNDEN

Beides sind Situationen, die miteinander zu tun haben können, aber vielleicht auch vollkommen unterschiedliche Gründe haben. Lass uns eine Konstellation nach der anderen durchgehen.

Was passiert, wenn einer deiner Freunde einen schlechten Einfluss auf dich hat? Da habe ich eine sehr radikale Ansicht. **Jeder schlechte soziale Einfluss sollte aus deinem Leben entfernt werden**! Du bist der Durchschnitt der fünf Menschen, mit denen du am meisten Zeit verbringst, und wenn du mit jemandem Zeit verbringst, der dich enorm schlecht beeinflusst, wird sich das auf jeden deiner Lebensbereiche auswirken.

Dabei hast du im Endeffekt zwei Möglichkeiten. **Zum einen sprich es bei der Person ganz einfach an**. Sag ihr, was du von ihrem Verhalten hältst, sag ihr, wie es dich beeinflusst, und dann versuche, es mit der Person auf verbale Art und Weise zu klären. Unter Umständen klappt das sogar und die Person ändert sich, beziehungsweise merkt sie erst jetzt, was sie bis hierhin getan hat. Dann war ihr der negative Einfluss, den sie mit einer bestimmten Verhaltensweise auf dich hatte, gar nicht bewusst und sie kann das jetzt ablegen – das Thema wäre damit geklärt.

Sollte sich die Person jedoch nicht ändern und ihren negativen Einfluss weiter ausüben, dann entferne dich von ihr. Du wirst unterbewusst enorm von den Leuten beeinflusst, die in deinem Umfeld sind, und das Leben ist einfach zu kurz dafür, um in schädlicher Gesellschaft Zeit zu verbringen. Entferne jeden schlechten Einfluss radikal aus deinem Leben!

Was, wenn ein Freund dir plötzlich den Rücken zukehrt, den Kontakt minimiert oder den Kontakt sogar abbricht? Auch da ist die Antwort recht klar. Einerseits rede mit ihm. **Sprich es ganz klar an, frag, was los ist und versuche, der Sache auf den**

Grund zu gehen. Vielleicht findest du etwas, was dir in eurer Freundschaft vorher gar nicht bewusst war und du kannst den Kurs eurer Freundschaft korrigieren. Oder aber ihr findet durch das Gespräch eine gemeinsame Lösung und vertieft eure Freundschaft damit noch. Eine dritte Möglichkeit wäre sogar, dass das Abwenden gar nichts mit dir zu tun hat, sondern damit, dass die Person gerade eine schwerere Zeit hat und einfach etwas Zeit für sich alleine braucht. **In dieser Situation solltest du als Freund natürlich deine Hilfe anbieten.**

Sollte jedoch auch das Reden zu nichts führen und die Person dir weiter den Rücken zukehren wollen, dann lass sie gehen. Warum solltest du versuchen, jemanden dazu zu überreden, bei dir zu bleiben, der gehen möchte? Jemanden aufzuhalten, der sich in eine andere Richtung entwickeln möchte oder dies bereits getan hat, ist für beide Parteien komplette Zeit- und Energieverschwendung.

Es muss ja keine böse Absicht sein, dass sich jemand von dir abwendet. Vielleicht will er einen anderen Weg einschlagen, hat neue Interessen in sein Leben aufgenommen oder Freunde gefunden, mit denen er lieber Zeit verbringt. So oder so, lass die Person gehen und versuche nicht, sie zwanghaft zurückzuhalten. Das wird weder dich glücklich machen noch die andere Person.

ZUSAMMENFASSUNG:

- Das Leben ist zu kurz für schädliche Gesellschaft.
- Schlechter Einfluss: Sprich es an und versuche, mit der Person eine gemeinsame Lösung zu finden. Findet ihr keine gemeinsame Lösung, entferne dich von der Person.
- Den Rücken zukehren: Sollte ein Freund dir den Rücken zukehren, sprich mit ihm darüber und versuche herauszufinden, warum. Vielleicht findet ihr eine gemeinsame Lösung. Hat es dagegen Gründe, die ihr nicht lösen könnt, lass die Person gehen. Es ergibt keinen Sinn, jemanden, der bewusst gehen will, zurückzuhalten.

5.22 LÜGEN, KÄMPFE UND EIFERSUCHT IM FREUNDESKREIS

Was, wenn meine Freunde anfangen zu lügen, untereinander zu kämpfen oder aufeinander eifersüchtig werden? Was genau soll ich dann machen?

Der erste Teil meiner Antwort ist recht klar. **Sollten sie das ständig tun**, das heißt, sollte es etwas sein, was auf wöchentlicher oder vielleicht sogar auf täglicher Basis passiert, **dann entferne dich von ihnen**. Sollte es auf regelmäßiger Basis stattfinden, sind diese Freunde ein schlechter Einfluss auf dich, und deine Lebenszeit ist zu wertvoll, um dich mit so etwas zu umgeben.

Ich gehe aber einmal davon aus, dass die Frage eher daher kommt, dass es ein Verhalten ist, was auf einmal aufgetaucht ist. Es war also in der Vergangenheit nicht so. In der Vergangenheit herrschte Harmonie im Freundeskreis und deine Freunde haben sich gut verstanden. Doch plötzlich haben sie begonnen, sich anders zu verhalten. Sie lügen, sie streiten und sie werden eifersüchtig. Die Antwort darauf ist ebenfalls recht simpel. **Sie brauchen deine Hilfe**. Das ist unerwartet, nicht wahr?

Schauen wir uns hierzu einmal an, wann Verhalten wie Lügen, Streit und Eifersucht auftauchen. Sie tauchen genau dann auf, wenn etwas in unserem Leben nicht gut läuft. Wenn wir mit unserem Leben zufrieden sind, unser Selbstwert in Ordnung ist und wir in uns zentriert sind, dann verhalten wir uns nicht so. **Nur wenn wir ein Problem haben**, wenn wir Stress in unserem Leben oder unser Zentrum verloren haben, etwas anderes uns belastet oder unglücklich macht, **dann fangen wir an, uns so zu verhalten**. Das heißt – nun noch mehr als zuvor – sei für deinen Freund da. Vielleicht ist er gestresst, vielleicht hat er ein Problem, über das er nicht reden möchte oder vielleicht trägt er eine Unsicherheit mit sich herum, weil er in einer bestimmten Situation verletzt wurde.

Erinnere dich einmal daran, wie es war, als du das letzte Mal in einer Negativspirale gefangen warst. Du warst kritischer gegenüber anderen Menschen, sahst jeden als Egoisten, hast deine eigenen Probleme auf andere Menschen projiziert (woraus dann Verhalten wie Lügen, Streitigkeiten oder Eifersucht entstanden) und sahst die Welt generell als einen schlechteren Ort. **Wie sehr hättest du dir in der Situation einen Freund gewünscht, der dir hilft, zu deinem inneren Zentrum zurückzufinden?** Der dir dabei hilft, dich wieder wie du selbst zu verhalten und nicht wie dieser kritische, negative kleine Troll, der anscheinend die Kontrolle über deine Persönlichkeit übernommen hat?

Eine schöne beispielhafte Geschichte aus meinem Leben handelt von einem meiner besten Freunde, der gleichzeitig auch einer meiner Mentoren ist. Fast drei Wochen lang war er dieses Jahr jedesmal, wenn wir Zeit zusammen verbracht haben, mental ziemlich abwesend. Er wirkte nicht wirklich präsent, zog sich stets in seine Gedankenwelt zurück, betrachtete alles, was ihm geschah sehr kritisch und fokussierte sich, wenn er denn überhaupt sprach, stets auf die negativen Dinge. Ich sprach ihn darauf an, doch die ersten zwei, drei Male lehnte er ab und bestand darauf, dass alles okay sei. Ich ließ nicht locker, worauf er irgendwann doch nachgab und wir ein sehr langes Gespräch hatten, in dem er mir offenbarte, in was für einer stressigen Phase er gerade war. Was in seinem Geschäft gerade nicht so gut lief, welche wichtigen Projekte anstanden, die ihn stressten, und dass all das ihn einfach belastete.

Allein durch dieses Gespräch hat er sich verändert. Er fing wieder an zu lachen, war präsenter und plötzlich fielen ihm auch all diese Projekte, an denen er arbeitete, nicht mehr allzu schwer.

Warum ist das so? Wenn es uns nicht gut geht, fühlen wir uns häufig sehr alleine und verlassen. Selbst wenn wir gute Freunde in unserem Umfeld haben. Wir bitten unsere Freunden nicht um Hilfe, sondern verkriechen uns gerne in unsere eigenen Gedanken und versuchen das, was uns belastet, alleine zu regeln. Zusätzlich bauen wir, wie du in der Geschichte gemerkt hast, lieber eine harte

Fassade auf, wenn Freunde auf uns zukommen, um nach außen hin bloß nicht als schwach dazustehen.

Sollte sich einer deiner Freunde also plötzlich anders verhalten, die Welt kritischer sehen, anfangen zu lügen, eifersüchtig zu werden, Streitereien anzufangen oder sonst eine negative Verhaltensweise an den Tag zu legen, die eigentlich überhaupt nicht zu ihm passt, dann sei für ihn da. **Hilf ihm dabei, das, was ihn belastet, hinter sich zu lassen und zu seinem wahren Ich zurückzukommen.**

ZUSAMMENFASSUNG:

- Sollten Lügen, Kämpfe und Eifersucht Verhaltensweisen sein, die deine Freunde ständig an den Tag legen, dann entferne dich von ihnen.
- Sollte es eine Verhaltensweise sein, die neu auftaucht, dann brauchen deine Freunde deine Hilfe.
- Wenn uns etwas belastet, wir gestresst sind oder wegen etwas anderem in unserem Leben unglücklich sind, dann sind wir nicht mehr wir selbst, sondern zeigen diese negativen Verhaltensweisen.
- Sei für deine Freunde da und hilf ihnen, zu ihrem wahren Ich zurückzukommen.

AUFGABE:

- Denk einmal daran, wie du dich verhältst, wenn du gestresst bist, wenn du mit Problemen zu kämpfen hast oder sonst etwas in deinem Leben passiert, das dich belastet. Du verhältst dich auch nicht wie du selbst, wirst die Welt wahrscheinlich sehr viel kritischer oder negativer sehen, und dich dementsprechend auch so verhalten. Versuche, dich an solch eine Situation zu erinnern.

SCHLUSSWORT

Vielen Dank, dass du „Freunde finden im 21. Jahrhundert" bis zum Ende durchgearbeitet hast.

Damit bist du eine positive und engagierte Ausnahme. Statistiken zeigen nämlich, dass viele Menschen Bücher nicht einmal ansatzweise zu Ende lesen. Du hingegen gehörst zu den Wenigen, denen ihre persönliche Bildung so wichtig ist, dass sie auch bereit sind, die notwendige Zeit und Energie zu investieren.

Falls du es noch nicht gemacht hast, trage dich für den kostenlosen Online-Kurs, der dieses Buch begleitet. Gehe auf www.alexanderwahler.com/ffkurs und gib dort einfach deine Amazon-Bestellnummer ein. Der Kurs hilft dir dabei, das Wissen aus diesem Buch weiter zu vertiefen. Dazu erleichtert der Kurs dir, die im Buch genannten Aufgaben und Übungen erfolgreich anzuwenden.

Was steht jetzt also noch für dich an? Zum einen, wende die Dinge, die du hier im Buch gelernt hast, fortlaufend an. Wie alles andere im Leben sind sie nichts, was du nur einmal anwendest und dann vergessen kannst, sondern etwas, das du dein Leben lang weiter üben solltest. **Je öfter und fokussierter du die gelernten Prinzipien übst, desto natürlicher werden sie auch für dich.**

Betrachte dazu dieses Buch als guten Freund. Komm immer wieder zu ihm zurück und versuche, deine Erfahrungen durch dieses Buch in Worte zu fassen. Gehe dabei besonders zu den Kapiteln zurück, die wichtig für dich sind. Wenn es dir zum Beispiel leichtfällt, neue Leute kennenzulernen, du allerdings Schwierigkeiten hast, dich verletzlicher zu machen, dann gehe genau zu diesen Kapiteln zurück. Hast du hingegen noch Verbesserungspotenzial beim Thema Selbstvertrauen, dann schau dir die entsprechenden Kapitel regelmäßig an.

Investiere möglichst viel Zeit in die Freundschaftspflege, lerne deine Freunde besser kennen, baue eine engere Beziehung zu ihnen auf und ganz wichtig: Lerne von ihnen! **Denn echte Freunde machen dich in deinem Leben nicht nur glücklicher, sondern auch erfolgreicher.**

Ich hoffe, dieses Buch hat in deinem Leben bereits vieles verändert und wird es in Zukunft weiterhin tun. Ich wünsche dir nichts mehr, als die Freunde zu finden, die nicht nur dein Leben bereichern, sondern deren Leben du ebenfalls bereicherst.

Denk daran, unsere Freundschaften sind das Wertvollste, was wir haben. Also sei ein guter Freund!

Hat dir das Buch geholfen? Können anderen davon profitieren? Dann hinterlass bitte eine kurze Rezension bei Amazon: **www.alexanderwahler.com/ff21**

Viele Grüße
Alex

IMPRESSUM

© 2018 – Alle Rechte vorbehalten

Wahler Coaching EOOD
Daniel Alexander Wahler
Brezovska 36, et.4 ap.15.
4003 Plovdiv, Bulgarien

Rechtlicher Hinweis: Die Gesellschaft liegt in deutscher Hand und unter deutscher Leitung, der Firmensitz liegt aufgrund einer Wohnsitzverlegung der Geschäftsführer aus privaten Gründen in Bulgarien.

E-Mail: support@alexanderwahler.com
Web: www.alexanderwahler.com

Herstellung: Amazon Media EU S.à r.l., Luxembourg

Das Werk, einschließlich seiner Teile, ist urheberrechtlich geschützt. Jede Verwertung ist ohne Zustimmung des Verlages und des Autors unzulässig. Dies gilt insbesondere für die elektronische oder sonstige Vervielfältigung, Übersetzung, Verbreitung und öffentliche Zugänglichmachung.

Der Verfasser übernimmt keinerlei Gewähr für die Aktualität, Korrektheit, Vollständigkeit oder Qualität der bereitgestellten Informationen. Haftungsansprüche gegen den Verfasser, welche sich auf Schäden materieller oder ideeller Art beziehen, die durch die Nutzung der dargebotenen Informationen bzw. durch die Nutzung fehlerhafter und unvollständiger Informationen verursacht wurden, sind grundsätzlich im weitest zulässigen Rahmen ausgeschlossen.

Printed in Poland
by Amazon Fulfillment
Poland Sp. z o.o., Wrocław